huashuo
changjiang

话说长江

本书编写组◎编

本书是《中华文明》系列之一，该系列全景式图文并茂的记录了中国文明历史，并与考古密切相联，运用文字去追寻中华文明在历史长河中的灿烂之光，它可称为真正的"纸质博物馆"，全书文字、图片彼此相当，将中华民族在人类历史上缔造的最光辉绚丽的文明呈现在读者面前。

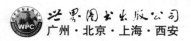

世界图书出版公司

广州·北京·上海·西安

图书在版编目（CIP）数据

话说长江/《话说长江》编写组编 . —广州：广东世界图书出版公司，2010. 8 (2024.2 重印)

ISBN 978 - 7 - 5100 - 2591 - 4

Ⅰ. ①话… Ⅱ. ①话… Ⅲ. ①长江 – 通俗读物 Ⅳ. ①K928. 42 - 49

中国版本图书馆 CIP 数据核字（2010）第 160408 号

书　　名	话说长江 HUA SHUO CHANG JIANG	
编　　者	《话说长江》编写组	
责任编辑	康琬娟	
装帧设计	三棵树设计工作组	
出版发行	世界图书出版有限公司　世界图书出版广东有限公司	
地　　址	广州市海珠区新港西路大江冲 25 号	
邮　　编	510300	
电　　话	020-84452179	
网　　址	http://www.gdst.com.cn	
邮　　箱	wpc_gdst@163.com	
经　　销	新华书店	
印　　刷	唐山富达印务有限公司	
开　　本	787mm×1092mm　1/16	
印　　张	13	
字　　数	160 千字	
版　　次	2010 年 8 月第 1 版　2024 年 2 月第 9 次印刷	
国际书号	ISBN　978-7-5100-2591-4	
定　　价	59.80 元	

前 言

长江——中华民族的母亲河，发源于"世界屋脊"青藏高原腹地唐古拉山脉主峰各拉丹冬雪山的西南侧。源头冰川起点海拔6543米，冰舌末端海拔5400米，是世界大河中源头海拔最高的河流，冰川的潺潺融水即是长江的最初乳汁。

长江奔流万里，横跨中国中部。流域总面积180余万平方千米，干流全长6300余千米，流经青、川、藏、滇、渝、鄂、湘、赣、皖、苏、沪11个省、自治区、直辖市，支流延展至甘、陕、黔、豫、浙、桂、闽、粤等省、自治区。

以湖北省宜昌以上为上游，水量主要源于高原融雪和降雨。宜昌至江西省湖口为中游，其中湖北省枝城至湖南省城陵矶河段，称荆江。荆江河道蜿蜒曲折又称"九曲回肠"。湖口至长江口为下游，长江中下游为海拔较低的丘陵和平原，冷暖空气活动无地形阻滞，东亚季风活动非常明显，气候四季分明。

长江流域地势西高东低并呈现三大阶梯状：第一级阶梯包括青海南部高原、川西高原和横断山高山峡谷区；第二级阶梯为秦巴山地、四川盆地、云贵高原和鄂黔山地；第三级阶梯由淮阳山地、江南丘陵和长江中下游平原组成。

　　《话说长江》共分六个部分为您讲述长江：第一部分长江文明演进与探索，讲述长江的形成、历史时期长江中下游河床的演变和历代对江源的探索；第二部分长江文化概述，从史前到清代分别阐述了长江文化；第三部分风流人物，讲述从春秋战国到近现代与长江有关的部分杰出人物；第四部分城市风情，带您走进长江沿岸的主要城市，领略它们的风采；第五部分民俗文化，介绍了长江流域的节气、民居、美食、服饰、茶酒和民族与文化；第六部分带你游遍长江流域的灵山秀水。六个部分一一详解，让您足不出户就能了解长江，并感受母亲河源远流长的中华文明。

编　者

目 录

一 长江文明演进与探索

（一）长江的形成

　　长江是我国第一大河，古名"江"，又称"大江"。长江全长约6300千米，整个流域面积达180多万平方千米，平均每年入海总径流量达1万亿立方米，相当于黄河的20倍。其源远流长，水量丰富，支流众多及流域宽广，均居于全国各大河之首。自古以来，长江流域就是我国政治、经济和文化发展的重要地区之一。在整个历史时期，长江也经历了重大的变化。

　　长江源远流长，沿程贯穿若干不同线系的山地和不同时代的构造盆地，形成与发育历史十分复杂。古老的长江，在地史上可追溯到距今两亿年以前的3世纪，那时我国大陆中部的地形是东高西低，现在属于长江流域的巫峡和西陵峡以西的地区，是汪洋不见边际的古地中海的一部分。还是一个与印度洋及太平洋相通的广阔的海湾。大约在距今一亿年前中生代的侏罗纪，由于一次强烈的造山运动，形成了横断山脉，秦岭升高，古地中海退出今四川、青海、西藏及贵州、广西的西部，在秦岭、横断山脉、云贵高原之间形成了一个广阔的四川盆地，当时，它与巫峡、西陵峡以东的洞庭盆地，成为自成系统互不沟通的内陆水系。巫山山脉也就成了四川盆地与洞庭盆地之间的分水岭。约在七千万年前的中生代末期发生了一次燕山运动，四川盆地上升，洞庭盆地下降，湖北西部的古长江开始发育，积极向四川盆地溯源伸长。距今三四千万年前的喜马拉雅造山运动，使全流域的地面普遍地间歇上升，上游地区上升最烈，多形成高山、高原与峡谷；中、下游上升的幅度较小，出现丘陵与山地，其间还

间歇伴随着下沉而形成了两湖、南襄、鄱阳、苏皖等水源。与此同时，往昔溯源伸向四川盆地的古长江，已沟通四川盆地的水系，由于地形西高东低，于是汇成了"不尽长江滚滚来"的东流巨川，这便是人类进入历史时期以前，长江形成的过程。

现今的长江水系分为上、中、下游三段。上游自源头至宜昌，长 4504 千米，包括沱沱河水系、通天河水系、金沙江水系和川江水系；中游自宜昌至江西省湖口，长 955 千米，包括清江、洞庭湖水系、汉江、鄂东诸河等支流；下游自湖口至长江口，长 938 千米，包括鄱阳湖水系、皖河、巢湖水系、青弋江、水阳江、滁河、淮河入江水道以及太湖水系等支流。

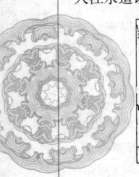
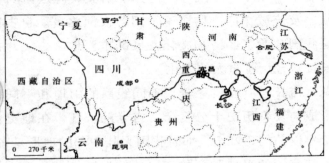

长江流域水系图

值得特别提到的是，长江三峡河段的形成过程。三峡河段的贯通是由中下游的古长江通过溯源侵蚀切穿川东鄂西的分水岭齐岳山并发生河流袭夺来完成的。齐岳山是一条由下三叠统嘉陵江组及大冶组厚层状碳酸盐岩组成的背斜山岭，岩溶强烈发育。两侧沿向斜谷分别为草堂河和大漆河。草堂河在山的西北侧，由东北向西南流，后转向西流入四川盆地。大漆河在山的东南侧，由西南向东北流，再转向东南入江汉洞庭盆地。两河由齐岳山隔开，彼此相互平行但流向相反，主流相隔仅 8 千米，山体单薄，有利于侵蚀溶蚀贯穿而产生河流袭夺。齐岳山背斜碳酸盐岩层的岩溶作用，由开始的溶沟

溶槽发展为溶洞、地下河，特别是由于西部金沙江水系的东流和川江向东倒流，来水量猛增，溶蚀侵蚀作用加剧，地下河规模越来越大，上部不稳定的岩体不断垮塌并被冲走，随之变为明河，成为贯通东西两部的瞿塘峡。

关于三峡河段贯通的年代，尽管研究者们看法不完全统一，但从相关沉积和阶地分析来看，可把宜昌东南向虎牙山以下的云池扇形砾石面体的堆积形成视为三峡贯通的标志，其时间在距今 100 万年左右，至少在距今 55 万年以前。

（二）历史时期长江中下游河床的演变

湖北宜昌迤西的长江上游河段，流经山陵谷地之间，历史时期河床比较稳定，无显著变化。宜昌以下长江出山地而进入中下游广阔平坦的平原地区，历史时期河床变化较大。

在历史早期，长江流域气候温暖湿润，森林植被茂密，长江中下游河床宽浅，分流河道较多。在古云梦泽所在的江汉平原地区，以江陵为顶点的入湖三角洲平原上，春秋战国时期即有夏水、涌水等分流河道的发育；古彭蠡泽所在的以武穴（今湖北广济）为起点的入湖三角洲平原上。后来司马迁"登庐山观禹疏九江"，说明西汉时分流河道依然存在，至今以武穴为"穴口"的长江分流遗迹，在卫星和航空照片上仍依稀可辨。

长江北面的分流河道，随着长江的发育逐渐趋于消亡。此后，长江中、下游的河床，由于所处地貌形态的差异，其演变表现为以下两个河段的两种不同模式：

1. 荆江蜿蜒型河道的变迁

宜昌以下，上起枝江，下迄城陵矶，全长约 400 千米的荆江，是历史时期长江河床演变最为典型的河段。其中自枝江至藕池口长约 180 千米的上荆江，由于河床构造运动与流向一致，增强了河流的纵向流速，河岸沉积物胶结程度也较紧密，因而比较稳定；但自

藕池口以下至湖南洞庭湖出口处城陵矶之间长约 240 千米被称做"下荆江"的河段，流向呈垂直相交，横向环流的冲刷作用显著，河岸沉积物也比较松散，易被流水掏空，因而在历史时期逐渐发育成为典型的"自由河曲"，即蜿蜒型河道。其曲折系数达到 2.01～3.57，素有"九曲回肠"之称。

古代荆江河槽，淹没于江汉平原古云梦泽所在的湖沼之中，河床形态还不甚显著，荆江仍处漫流阶段。秦汉时期，古云梦泽由于长江泥沙的长期沉积，以江陵为顶点的荆江三角洲向东向南发展，处于高度湖沼阶段的下荆江，开始出现一些分流水道。魏晋南北朝时期，据《水经·江水注》记载，在石首境内的下荆江河床已开始形成，江中多沙洲而呈汊流发育，至唐宋时，随着监利县境云梦泽的消失，荆江统一河床最后塑造完成，当时两岸有 20 多个穴口，加上江北有扬水、夏水、鹤水分流，对下荆江流量起着调节作用。

南宋时，金人占据了北方，汉族人民大规模南迁，沿江筑堤围垸，扩大垦殖，两岸穴口汊流，几完全堵塞。堤垸制止了河流在汛期时向河漫滩漫溢，把水流限制在河床里，由于泥沙的大量沉积，抬高了河床，洪水过程显著，堤防溃决殆无虚岁。元大德七年（1303 年），重开小岳、宋、调弦、赤剥（尺八）四穴。暂时减轻了洪水的威胁。到了明代这些穴口又复被湮。隆庆年间（1567～1572 年），疏浚了其中的调弦口穴，但整个下荆江仅靠这一口分泄洪流，不足以减小流量变幅。水流经过弯道时，由于离心的作用，凹岸在主流的冲刷下，逐渐崩坍后退，泥沙则在水流较缓的凸岸淤积，河湾逐渐延长。下荆江就这样以增长河曲的长度来适应日益增长的流量。再加上人们在河曲凸岸新近沉积的沙滩上筑堤围垸，进行垦殖，又进一步巩固了凸岸的河床。原来单一顺直型迅速向蜿蜒河型方向转化。

到了清同治年间（1862～1874 年），下荆江只有一个虎渡口未被淤塞，而大江两岸人工围垸又大规模地发展，连江中的沙洲也并

岸围入垸内。河曲带长度剧增，随着河湾的增长，弯曲半径越来越小，终于形成了葫芦形的河环。在降水量较大的汛期，漫滩水流长期作用下，狭颈滩面逐渐形成串钩，遇上大洪水，串钩便被冲开成为新河，造成自然裁弯。据不完全统计，100 多年来自然裁弯曾发生过 10 余次，其中较著的有月亮湖（1886 年）、古长堤（1887 年）、黄泥（1906 年）、尺八口（1909 年）及碾子湾（1949 年）等，后两次裁弯还保存完好的牛轭湖形态。自然裁弯的结果，大大减少了下荆江河曲的长度。

然而，裁弯以后的新河床在水流作用下，又开始新的朝着弯曲方向发展的过程。新中国成立后，1967～1969 年对下荆江中州子与上车弯两弯曲段，进行了人工裁弯取直工程。加上 1972 年位于监利县境的沙滩子又发生自然切滩和裁弯，河道弯曲系数由 1949 年的 3.19 降至 2.02。总计缩短河长 80 千米，增加泄洪量约 5000 立方米/秒，对防洪和航运都发挥了一定的效益。

由于历史早期北岸的分流河道多，下荆江北面的冲积平原地势已经淤高，再加上新构造运动北岸上升率大于南岸，在北高南低的地势下，下荆江的裁弯通道大都发生在弯曲河道的南端曲颈，因而，迫使主河槽向右岸摆动，其迁徙幅度最大处达 10～20 千米。

2. 城陵矶以下分汊型河道的变迁

长江在下荆江以下河段，即城陵矶至江阴河口段长 1160 余千米的河道，流动于间有山丘阶地的广阔的堆积平原上，汊道纵横，河湾发育，是属于低度分汊河道。这一河段，两岸常见基岩矗立江边，悬崖峭壁，如列屏障，人们称之为"矶"。从湖南岳阳附近的城陵矶算起，到湖北的黄陵矶、谌家矶、江西彭泽的彭郎矶、马当矶，安徽纵阳的太子矶，马鞍山的采石矶，南京北郊的燕子矶等，大大小小有 120 多个矶。再加上蒲圻的赤壁，嘉鱼的鱼岳山，武昌的蛇山，鄂城的观音石，湖口的石钟山，南京的狮子山等山丘。这些山丘、石矶在地质上是一种断层破裂带，长江河床正是沿着这些破裂带发

育，这就束缚了它完全自由摆动的可能性。因此，它不能像黄河那样在一望无垠的冲积平原上自由游荡、迁徙。在矶头突出处往往河床较窄，过了矶头，河床变宽，形成宽窄相间的藕节状。根据历史记载，这些山丘、石矶很早就濒临大江，江岸一直比较稳定，这就决定了长江在历史时期的总流势。

荆江以下河段低度分汊型河道的形成，是由它的地质地貌条件和水文特性所决定的。从前者看，正是因为长江两岸节点众多，江床时宽时窄，水流也就时急时缓；从后者看，江水夹带泥沙较多。在矶的附近，河床狭窄，水流湍急，有束水攻沙的作用；出矶处，河床开阔，水速骤减，常导致江心洲的淤积，引起河道分汊。目前，长江自下荆江以下至河口段的江中，计分布有大小江心洲 120 多个，汊道 100 余处，汊道总长达 650 千米，占全长的 56%。

古代，当我们的祖先主要活动于黄河流域一带的时候，长江江面开阔，江深水急，秦汉以前的史料有关长江江心洲的记载还很少。以后长江流域逐渐得到开发，由于植被破坏，水土流失，泥沙日益增多，对长江沙洲的记载也就多了起来。

长江江心洲的形成除与河道分汊密切相关外。当水流上涨时，河水漫滩以致水流动力轴线方向改变而造成的水流切滩，也是形成江心洲的原因。它们相互制约而又相互转化，江心洲与汊道的消长在历史时期还是比较频繁的。在不同的条件下，它大体上表现为以下几个过程：

（1）在疏松的粉砂质江岸，由于江流的冲刷，河床展宽，江心洲淤涨，引起汊道的发展。如湖北洪湖新堤河段的南门洲，嘉鱼河段的白沙洲，江西彭泽的上、下三号洲，原来都是单汊河道。自 19 世纪以来，在河流旁向侵蚀下，河道拓宽，江心洲淤积，引起河道分汊。江心洲的淤涨，促进横向环流的加强，从而加速了江岸的崩坍和河道的展宽。

（2）在弯道阶段，由于洪水切割边滩而形成江心洲。如湖北武

汉东阳罗镇下的叶家洲，就是北魏郦道元《水经注》所提到的"北对峥嵘洲"。黄石市对江的散花洲，据《长江图说》记载是三国时"吴主散花于此"而得名。江西彭泽的小孤山，据《读史方舆纪要》记载：在"县北十里，高三十丈，周围一里，孤峰耸峭，旧时半入大江，今屹立江中。"安庆附近的长风沙，《读史方舆纪要》也有在安庆"府东五十里，亦曰长风夹，滨大江"的记载。以上这些因切滩而形成的古汉道和古江心洲，以后因河道水动力的改变，被不断侵蚀和并岸而消失。但近年来，从航空相片或卫星相片上，还可以清晰地看到切滩的残迹。

（3）因江流主泓道的摆动，汉道逐渐淤塞，造成江心洲并岸。如《水经注》记载，江夏（今武昌）附近"江之右岸，当鹦鹉洲南"，唐宋时期鹦鹉洲距今武昌西南江岸尚有两里之遥，以后《长江图说》记载，到"明洪武年间（1368～1399 年），潮沙壅积与北岸相连，不复在江中矣"。清乾隆年间，又在汉阳附近淤积成一新的鹦鹉洲，以后也并岸不存了。又如鄱阳湖湖口外的桑落洲，汉代以后即已形成，宋时仍有"桑落洲在德化县（今九江）东北十五里"的记载。至明末时已坍塌并岸，《长江图说》云："归林滩古桑落洲也"，再如三国时南京清凉山下有白鹭洲，元、明时也并岸不存了。

（4）原来较小的几个江心洲聚合而成为一个大的江心洲，从而使汉道减少，稳定性加强。如南京现长江大桥一带，三国至南北朝时，江中有马昂洲、新洲。隋唐时，除马昂洲外，又有芦洲，新洲也分淤为上、下两新洲。元明时则为草鞋洲、道士洲、护国洲。明末清初时为草鞋洲、八卦洲、七里洲、大河沙。清末时这些江心洲逐渐连接起来，聚合为一个鹅头状的八卦洲。汉道也减少了，从此八卦洲就处于相对稳定的状态。

（5）由于江流主泓道的不稳定，汉道与江心洲的消长还具有交替演变的特点，表现为旧的江心洲消失以后，又会淤长出另一个新的江心洲。这种交替演变有时还呈现出周期性的变化。例如安庆西

南黄石矶附近的官洲，当清咸丰八年（1858年）江流主泓道在北汊时，向东、南淤长，洲长达7800米，1934年以前主泓道转向南汉，官洲东南岸不断侵蚀后退，仅剩下原面积的1/8，在它的北面却淤涨出新的培文洲。以后对官洲采取了保坍护岸措施，江岸才稳定下来，并逐渐与培文洲相连，形成鹅头状的江心洲。在它南面也新淤出学文洲，并逐渐发展并入广阔的清节洲，从而形成复式鹅颈式分汉河段。

历史时期长江荆江以下河段所发生的江心洲并岸，大都是并向左岸，很少并向右岸的。它与下荆江自然裁弯通道总是在右岸切开，共同迫使长江主河槽南移。这一由左岸向右岸迁徙的总趋势，形成了左岸多宽阔的滩地，右岸矶头林立的格局。

长江中下游除去江心洲与汉道的消长以外，由于它的大部分河段是流动在广阔的泛滥平原上，在疏松的江岸，随着主泓道的改变，在江流的冲刷下，历史上还不乏崩岸的记载，这种崩岸大多发生于九江以下的江岸，如安徽铜陵的胥坝在明正德（1506～1521年）以后坍入江中，扬州的江都古城在三国时期坍入江中，瓜洲城在光绪十年（1884年）全部坍入江中等，大规模的坍岸，吞没了大量的农田和城镇。江岸边滩的淤积，使原有的码头废弃，渡口迁移；沙洲的消长，则影响着航道的通行。关于长江河道历史变迁及其规律的研究，对今后全面整治长江的规划也就有着特别重要的意义。

（三）历代对江源的探索

发源于青藏高原唐古拉山主峰各拉丹冬雪山西南侧的长江，干流自青藏高原蜿蜒东流，经青海省、西藏自治区、四川省、云南省、湖北省、湖南省、江西省、安徽省、江苏省和上海市10个省、市、区，在上海市注入东海。

这条年水量达1万亿立方米的世界巨川，究竟源于何处？千百年来，众说纷纭。为了弄清江源的底细，从古代直到近代，曾有许

多有志之士进行过艰苦卓绝的探索，在一些史籍中留下了他们的记载，但限于当时的条件，都未能得出正确的结论。

成书于战国时期的我国第一部地理著作《禹贡》，大致记述的是西周以前的情况。书中曾对长江、黄河诸水作过记述，其中，有"岷山导江"之说。据考证，汉代学者认为，这里的"岷山"，并非现在四川松潘附近岷江发源地岷山，而是甘肃天水西南，位于嘉陵江上游西汉水源头附近的番冢山。说明当时人们曾把嘉陵江作为长江的正源。汉代以后，有人误把此处"岷山"与岷江联系在一起，将岷江当作了长江正源。

秦汉以后，随着祖国疆域的开拓，人们地理视野的不断扩大，对江源有了进一步的认识。西汉武帝通西南夷，在今四川南部、云南和贵州建立郡县，人们对西南边疆地区的地理知识大大地增加，于是发现比嘉陵江还长的河流，即绳水（今金沙江）也流入长江。

明末，著名的地理学家徐霞客对金沙江实际考察后，写了《溯江纪源》（又名《江源考》），纠正了"江源于岷"的错误认识。指出发源于犁牛石的金沙江才是长江正源。清康熙四十七年至五十七年（1708～1718年）经实测绘制的《康熙内府舆图》，已绘出木鲁乌苏河（即通天河）。后来，齐召南在《江道编》中指出："金沙江即古丽水，亦曰绳水，亦曰犁牛河，番名木鲁乌苏……出西藏卫地之巴萨通拉木山东麓，山形高大，类乳牛，即古犁石山也"。明、清时所指犁牛石、犁石山或巴萨通拉木山，即为当拉岭，又称朝午拉山，"当拉"是唐古拉的译音。布赖楚河或巴楚河就是长江源头的布曲。《江道编》不仅指出了长江源远在黄河源头以西的唐古拉山脉及长江源头的布曲，并提到克托乃乌兰木伦河（即沱沱河）、喀七乌兰木伦河（即尕尔曲）和阿克达木河（即当曲），对江源水系的描述已相当全面。然而，由于当时生产水平和科学活动的限制，对这些源流中，何者是长江正源，还不可能搞清楚。

由于长江源头地区，地势险峻，空气异常稀薄，气候变幻无常，

人迹罕至，路径难寻，在当时客观条件的限制下，对于长江发源地始终未能取得统一正确的认识，直至新中国成立初期，仍然普遍盛行长江发源于巴颜喀拉山南麓的谬说。

为了查明长江的情况，以便更好地开发利用长江水利资源，长江流域规划办公室于 1976 年及 1978 年先后两次组织江源调查，证实长江的正源在青藏高原唐古拉山脉主峰，海拔 6621 米的各拉丹冬雪山的西南侧的沱沱河（或称托托河），也就是齐召南《江道编》中所提到的克托乃乌兰木伦河。在唐古拉山脉这一连绵的雪山群中，发育着数 10 条现代峡谷冰川，这些雪山冰川的融水和雨雪泉涌又在各拉丹冬雪山以东汇集成尕尔曲、布曲和当曲，共同组成了长江的江源水系，它们由南而北，先后在沱沱河沿以东汇成一股，组成了通天河上游的扇形河网，回流在海拔 4500 米的青藏高原上，通天河在东流至曲麻莱以西处，又接纳了发源于可可西里山东脚的楚玛尔河，继续东南流，过玉树巴塘河口，就是金沙江。

在江源地区 5 条较大的水流楚玛尔河、沱沱河、尕尔曲、布曲和当曲中，以沱沱河为最长，达 358 千米，按照"河源唯远"的原则，沱沱河是长江的正流，但当曲较沱沱河仅短 1 千米，而其流域面积达 30219 平方千米，楚玛尔河为 20909 千米，都比沱沱河大得多；当曲河水流量每秒为 220.58 立方米，也比沱沱河大五六倍。综合河源远近，流量大小，流域广狭诸因素，长江上源似应包括正源沱沱河、南源当曲和北源楚玛尔河三源，较为允当。

二 长江文化概述

 史前

（一）史前

水是生命之源。水与人类的产生、社会文化的发展有着密切的关系。世界四大文明古国的存在无不与河流有着密不可分的联系。长江流域越来越多的古人类化石证明，长江流域和黄河流域一样都是中华民族的摇篮。

1. 旧石器时代

据考古发掘，在长江上游金沙江流域的云南省禄丰县石灰坝发现距今约 800 万年的古猿头骨化石，又称禄丰腊玛古猿。它是正在形成中的人类化石的代表，又是长江流域人类的祖先。距今 200 万年前的三峡"巫山人"化石和距今约 170 万年前的云南元谋人化石的发现，标志长江流域从 170 万年到 200 万年前，已开始进入了旧石器时代。那个时期的猿人已开始显示早期人类一个最重要的特征：他们开始使用工具。

长江流域已发现的旧石器时代早期除了元谋猿人和巫山猿人化石外，还发现了郧县猿人、郧西猿人、和县猿人、巢县猿人等。元谋猿人是迄今为止所知的中国境内最古老的

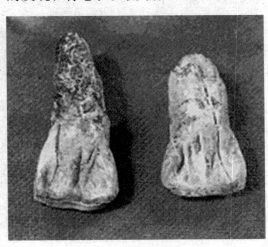

元谋猿人化石

直立猿人，这表明早在 170 万年以前，长江流域就有人类活动了。观音洞遗址是国内迄今为止在长江以南发现的旧石器时代早期最大的文化遗址。它和北京猿人文化分别代表旧石器文化在中国南北方的两个支系。

旧石器时代中期相当于早期智人（古人）阶段，在文化上仍为蒙昧时代中级阶段。其打制石器技术和直立人相比有变化，但进步缓慢。考古先后发现了这个时期长阳人、桐梓人和而后的南京汤山直立人化石。

晚期智人（新人），即蒙昧时代高级阶段，石器的制作技术有很大的改进，尤其是在四川汉源县的富林等地用火遗址中可以看出，其人工造火技术较早期智人有了进一步的发展。考古发现这个时期有丽江人、西畴人和资阳人。

2. 新石器时代

进入新石器时代，人类已开始由单纯地使用工具到制造工具。

（1）文化遗址

从 20 世纪 30 年代至今，人们先后在长江流域的上中下游发现多处新石器时代的文化遗址。

长江上游。在云南已知的遗址和石器出土地点达 300 多处，较重要的有元谋大墩子遗址和宾川白羊村遗址、怒江流域遗址等。在四川则以西昌的礼州遗址最典型，被定为"大墩子——礼州文化"。最值得一提的是四川广汉三星堆遗址，其年代大约起始于中原地区新石器时

新石器时代的彩陶罐

代晚期，一直延续到殷末周初。从已出土的文物可以看出，那时三星堆的先民们已开始以农业为主，并饲养牲畜和捕鱼；当时的陶器制作已达到一定的水平，而且已开始养蚕从事纺织。

长江中游。新石器时代文化主要有：洞庭湖及江汉平原的湖南省澧县彭头山文化、湖北省宜昌杨家湾大溪文化、湖北省京山县屈家岭文化、湖北省天门石家河文化，及地处鄱阳湖及赣江流域的江西省万年县仙人洞遗址。其中彭头山文化，属新石器早期文化遗存。

长江下游。新石器时代文化主要有：紧邻长江三角洲宁绍平原浙江余姚县的河姆渡文化，太湖流域浙江嘉兴县的马家浜文化（以后发展成为崧泽文化）、浙江余杭县的良渚文化等。马家浜文化连接了该地区河姆渡文化与良渚文化之间的缺环，在村落、工具、陶瓷等方面都比河姆渡文化更进了一步。到了良渚文化时期，农业进一步发展，手工业已有一定的分工，从大型墓内随葬品中可以看出，玉璧、玉琮是象征特权的礼器，良渚文化所处的时代有可能已进入阶级社会的初级阶段。

这些遗址的发掘，使长江流域的新石器时代文化第一次以全新的面貌面世。长江流域西自金沙江，东至海滨，萦带云梦、洞庭、鄱阳、太湖诸湖，都已进入以种植水稻为主的农业生活。

（2）史前文化成就

长江流域的祖先从以江西万年仙人洞文化为代表的穴居，经过以河姆渡文化为代表的杆栏式建筑，终于进入到以良渚遗址为代表的地面建筑时代。杆栏式建筑是人类居住条件的重大转折，它是人类脱离野外穴居转入室内居住的开始。杆栏式建筑架空于地面，不仅防潮防水，而且通风透气，极具南方的地域特征，而有别于黄河流域的半坡地穴遗存。以后，南方许多建筑基本形式仍以杆栏式建筑为基础。尤其值得一提的是，在长江中游发现的湖北的天门石家河、石首走马岭，湖南澧县南岳等地的史前城址，已出现城市雏形。

河姆渡文化的年代约为公元前 7000 年，这里曾发掘出世界上目

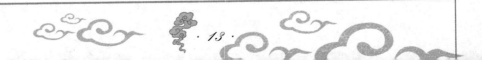

前最古老的人工栽培稻遗存，对于探讨中国水稻栽培的起源及其在世界稻作农业史上的地位，具有十分重要的意义。河姆渡文化的发现，说明杭州湾地区的先民在新石器时代早期，即已进入栽培水稻、开挖水井，制作陶器、木器生活用具的农业定居生活，狩猎只是辅助性的。农业的产生，对人类社会生活的影响很大，人们开始由以攫取自然界的动植物为主，转变为以种植作物为取得生活资料的主要手段。

长江流域的手工业，主要有玉器、陶器、纺织、象牙、漆器等，与雕刻在这些器皿上的图画一起体现了原始艺术的产生。河姆渡文化遗址出土的手工艺品最为著名，其中有中国迄今为止最早的漆器。漆树原产于中国，而利用生漆也是中国对世界的一大贡献，至今已有六七千年的历史。

中国是世界公认的蚕丝起源地。据考古资料分析，大约在 6500 年前河姆渡遗址第 3 层牙雕小盅上刻的蚕纹图案，可以说明当地人开始将野蚕驯化为家蚕。丝绸是长江流域对人类文明的又一大贡献，由此古代中国即有丝国之称。

钱山漾良渚文化遗址出土了三块苎麻布和苎麻绳，当时的纺麻技艺已经相当高。它与蚕丝一样是人们认识自然、改造自然的一大突破。

玉器是中华文化的重要组成部分，认为玉是吉祥物的思想古已有之。距今七八千年或稍晚的时期，在浙江余姚河姆渡遗址和太湖马家浜遗址、宁镇地区北阴阳营遗址等都发现了玉器。至今约 5000 年前，玉逐渐被少数人垄断，直到金属饰品诞生，玉才退居第二位。

从河姆渡文化中还可以看出，史前人在绘画方面丰富的想象力与高超技艺。他们画在陶器上的纹饰既有形象的写实，又有抽象的写意，自然界的许多东西都成为他们表现的主题，而且已经有象牙雕、骨雕、木雕、和玉雕等。从河姆渡出土的这些雕刻艺术品来看，史前人的雕刻艺术已达到了一定的水平。原始的装饰艺术主要体现

在人体装饰、日常生活器具及生产工具上。而人体装饰以颈饰最为盛行，如河姆渡、良渚等文化遗址中都出土有颈饰、手链。另外，从河姆渡出土的几何印纹陶器可以看出，史前人已懂得把美表现在生活和劳动之中。远古先民的舞蹈艺术，是与音乐等结合在一起的。河姆渡遗址中出土的陶埙和骨哨，距今已有7000年，是世界上迄今发现最早的吹奏乐器之一。

在宜昌杨家湾大溪文化遗址发现了与半坡遗址相似的在陶器上刻画的符号，这无疑是长江流域原始文字的孑遗。尤其从良渚文化遗址出土的黑陶罐上有八个刻画符号，已被专家认为是长江流域出土的最早文字。

人类的起源离不开水，历史已经证明，水在某种程度上影响着政治体制的建立和政权的稳定，更影响着社会经济、文化的发展。

（二）夏商周至春秋战国

夏以前，黄帝与炎帝之战、共工与颛顼之战及以后的禹征三苗，都促成了长江文化和黄河文化的交流与发展。商代，长江流域上中下游都出现了若干文化区。到了春秋时期，长江流域则形成巴蜀、荆楚、吴越文化；战国之际，楚文化在与巴蜀、吴越文化的争雄中确立了在长江文化中的主导地位，并对此后的华夏文化产生深远影响。

1. 夏代

中华民族的国家从一诞生就与治水关系密切。传说大禹之父鲧最初治水单独采取堵的方式，结果失败，被舜杀害。他的儿子大禹治水则因疏堵兼采、以疏为主而成功，被推为大酋长。禹的儿子启建立了中国历史上第一个奴隶制国家——夏。

长江流域由于三苗民族在与北方民族旷日持久的战争中败北及遭受洪水的冲击，其文化也遭到毁灭性的打击。禹征三苗的结果是将中原文化带到长江流域。在上海马桥遗址出土的文物就有大量的

中原二里头文化因素，而马桥文化经考证正在夏、商交界之际。长江文化与黄河文化的交融从此开始。

夏代，长江流域的经济、文化由于受北方战争影响及洪水的冲击，发展缓慢，文明程度远不及中原地区。但其自具特色的经济和文化仍在上、中、下游得到发展。

上游比较有代表性的是四川广汉三星堆遗址。三星堆遗址根据地层学与器物类型学分析，可分为四期。前一期为新石器时代晚期。二期为夏时期，其中出土了大量的金、玉、铜、陶、骨器，还有陶塑、石雕、石磬等物品。出土的陶禾皿、陶豆以及玉璋等，与从中原出土的夏代二里头文化的同类器物相近。

中游主要以屈家岭——石家河文化系统为代表。其地理分布主要在鄂西北至豫西南、鄂西至三峡、鄂中涢水流域及江西修水山背跑马岭这一地区。从湖北省天门石家河遗址出土的小件铜器来看，其文明程度已接近中原地区。尤其值得一提的是湖南石门皂市等地遗址出土的青铜器，铸造精细，造型奇特，花纹美观。其中有一种"虎食人卣"的铜器，因独具特色，引起国内外考古学家的重视。

下游主要以上海马桥遗址为代表性。马桥遗址出土的三足盘、瓠、鸭形尊、豆、簋、底盘等器物，和从安徽潜山薛家岗等地出土的鼎、盆、瓮、缸、罐等陶器和铜铃，都与二里头的同类器物接近。

以上这些足以说明，夏代的长江经济与文化在受到中原文化的影响下，也在创造着自具风格和特色的文明。

2. 商代

商代，长江流域青铜器的发展，出现了分别以广汉三星堆、武汉盘龙城、清江吴城和上海马桥等文化为代表的文化区。

三星堆文化到了商、周时期已进入它的辉煌期，出土的铜神像数量之多、形体之大、雕塑之精美，实在超出人们的想象。其中有一棵青铜树，用一个三脚架座支撑，座的三面各跪一个小铜人，当属下层，说明人已有尊卑等级之分。另外还有一个青铜人面像，通

青铜人面像

耳宽 134 厘米，额高 70 厘米，是已出土的世界上最大的人面青铜造像。除青铜外，还出土了不少工艺精良的陶器与石器。陶器不仅有牛、猪、羊、鱼等形状，还有酒器及贮藏柜。从三星堆文化遗址可以看出，巴蜀人很早开始就从事文化活动，创造了文字。巴蜀文字可能是中国先秦文字中除汉字外唯一可认的文字，但与汉字不属于同一系统。最值得一提的是这处遗址为一座古城废墟，说明三星堆应为古蜀时期一个国家的统治中心。

黄陂盘龙城遗址是长江中游商代文化的典型。城垣规模不算很大，但建筑十分雄伟，随葬品十分多，且有 3 名殉葬人。随葬品主要以青铜器为主，另外还有石器、陶器、玉饰、骨器等，多为生产与生活用具及兵器。盘龙城文化遗址最大的特点是其文化内涵与中原高度一致。无论是宫殿的建筑手法、青铜铸造工艺、制陶制玉工艺，都与郑州二里冈遗址一致。

下游最具有代表性的为位于江西清江的吴城遗址与江西新干的大洋洲遗址。两遗址均位于赣江两岸，相距仅 20 千米。吴城遗址最具代表性的是长廊式道路与铸铜作坊。由于在路的两旁分布有排列规整的柱洞，很可能是一条长廊式建筑覆盖的路，以此推断这是一处都邑。铸铜作坊说明吴城有铸造青铜器的作坊存在。新干大墓出土的青铜器为全国商代出土器物中所仅有的。像异形剑、柳叶形矛、裁制刀、溜肩圆斧和犁铧等，不仅造型奇特，而且铸工精细，实属罕见。

吴越虽同属长江下游，但吴国距中原更近，已开始受中原文化的影响。当时鼎是南方的主要器物，鬲为北方器物，是商文化的主要特征。吴地宁、镇地区出土的器物中就有陶鬲。可见当时吴国与中原已有交流。

3. 周代

周代，青铜与铁制农具代替了早期的木石工具，牛力犁耕代替了人力耜耕。长江流域的经济、文化继续发展，开始与外来文化交融。尤其是荆楚文化，在从湖北黄陂鲁台山所出土铜器及孝感等地的灰色陶器看，似乎与中原文化如出一辙；长江以南出土的多有印纹陶，受百越文化影响较明显。这说明当时的荆楚文化既受了中原文化的影响，也受吴越文化的影响。在长江上游巴蜀文化居领先地位。从蜀墓出土的铜器来看，水路交战纹壶为其代表作。以葬具为例，当时的葬具为船棺，这也是巴、蜀人所特有的，而巴甚于蜀。从出土的巴蜀文物已看出受早期楚文化的影响。

荆楚文化接受了外来文化的影响，同时开始影响其他文化。随着楚人的武力扩张，楚文化也开始对中原文化、巴蜀文化、吴越文化产生影响。有些被楚灭掉的小国，已逐渐从中原文化转为楚文化。如蔡国，从春秋晚期蔡昭侯墓出土文物看，已开始使用了表示身份等级的楚式鼎升鼎。随着楚国的强大，对吴越文化的影响也加深。

总的来说，周代长江文化在融合中向前推进，巴蜀、荆楚、吴越文化已形成了三足鼎立的趋势，荆楚文化领先。

4. 春秋战国时期

巴蜀、荆楚、吴越文化的产生与发展，首先与优越的条件密切相关。长江流域不仅物产富饶，而且水系发达，径流充沛，支流众多。在众多支流中，流域面积超过 1000 平方千米的就有 437 条。庞大的水系、丰富的物种，为远古先民们生息、发展和从事文化活动创造了条件。

（1）巴蜀文化

巴蜀最初是指长江上游两个比较大的部落，也是两个区域名，主要在今四川、鄂西、贵州等境内。已出土的"长阳人"化石证明，早在 10 多万年以前，人类的远古祖先就在长江中游以南的清江两岸活动。清江流域后成为巴人早期活动的重要区域。据传，巴人最早

的祖先廪君就诞生在湖北清江南岸的武落钟离山。最早的蜀王据说是蚕丛，主要活动在岷江流域，曾参加伐纣盟会，西周中期称蜀王。下传于杜宇，继传于开明氏之后迁都成都，公元前316年并于秦，置蜀郡。

春秋战国时期，巴蜀经济文化已代表了长江上游最高水平。巴蜀发展到战国时期，由于藏聚财富、物产丰饶，已被称为天府。蜀地之所以能在当时成为天府之国，水利工程发挥了很大的作用。战国时期，秦蜀郡守李冰主持修建了都江堰，具有灌溉、防洪、航运等效益。当时除治理岷江外，还包括沫水、文井江、洛水、白水江、绵水等，成都平原成为一片沃土，良田千里。农业的兴旺带来百业俱兴，农副产品的丰富，商业得到较快发展。蜀地的纺织业发达，蜀国的布帛为秦所垂涎。巴蜀是当时中国最富裕的地区之一。

这一时期的科学技术首推都江堰。它是至今仍在大面积受益的全世界最古老的水利工程，也是古代灌溉面积最大的水利工程，是古代设计最科学的水利工程。鱼嘴（以及金刚堤）、宝瓶口、飞沙堰，是都江堰渠首工程的三大主体部分，也是其科学性的集中体现。

李冰在进行大规模的水利建设中，发现地下卤水后就开挖了一批盐井——这也是李冰大功于蜀的业绩之一。四川地区的地下盐资源与天然气资源往往是伴生的。中国最早的天然气井，也就是春秋战国时先民们挖盐井时发现的，当时称之为"火井"，亦称"油井"。

蜀地由于矿产资源丰富，当时冶炼技术已达到一定的水平。生漆技术也达到相当的水平。如四川青川县出土的漆器，是典型的蜀式漆器，做工精良。

战国时期巴蜀文化的发展已令人瞩目，从出土的战国蜀墓里的文物足以证明。其中成都市百花潭中学10号墓中出土的铜壶最具代表性。壶的周边饰满金属（铅）嵌镶的图像，表现了生产、生活和战斗的场景，有极高的艺术价值。

（2）荆楚文化

大溪、屈家岭与湖北的青龙泉三期文化的发现，已将新石器时代的文化勾画出来。大溪文化出土的石制生产工具磨制之精、刃部之锋利为同期石器所少见。楚国便是在这种社会经济基础上建立与发展起来的。以后的楚人将制造青铜技术学到手，就地取材，国家也迅速壮大了。

楚国为了发展农业生产，十分重视水利建设。楚庄王重用孙叔敖为令尹，他曾在淮南主持修建了期思陂，这是中国有历史文献记载中较早的一项大型水利工程，比都江堰早两个世纪。楚人还修建了芍陂，灌田万顷。湖北郢都纪南城发现了两座属于春秋晚期的水门遗址，水门置于流经城垣缺口的河道中间，为木构建筑，一门三道，足以看出当时楚人高超的水工技术。

水利设施的配备，促进了农业的发展。楚国的工业除了冶铜技术外，丝织与刺绣业发展迅速。楚虽蛮夷，却懂得重商，不像秦国将商人驱之于外，所以楚国的商业发达，楚郢就是当时楚国的商业中心。商业的发达，反过来促进了楚国农业与冶铸、丝织等手工业的发展。

楚国物质文化的兴盛与当时的科学技术有关。首先是金属冶炼发生了变革。湖北大冶县铜绿山铜矿遗址经挖掘后表明，无论是冶炼设备还是冶炼技术都达到了当时的高水平。楚国铁器时代的到来，给兴修水利、开发荒地、挖掘矿藏带来了突飞猛进的变化。其次是丝织业与刺绣工艺也达到相当的水平。湖北江陵马山一号楚墓出土的丝织品，几乎包括了先秦时期全部丝织品种。其中运用的纬线起花技术、纬线起花绦带技术及提花等技术，已成为传统丝织技术的重要组成部分。

春秋战国时期是一个百家争鸣的时代。文化的发展反映了经济的发展，同时又对经济的发展起到了推动作用。春秋晚期楚文化异军突起。春秋时期五霸称雄，楚、晋两霸相争，实质上是长江文化

与黄河文化的碰撞和交融。楚国开疆拓土，所倚仗的不止是武力优势，而且还有文化优势。楚文化的扩散，大致与版图的扩大同步。当时的淮夷文化，尤其是吴越文化，从出土的文物来看，都打上了楚文化的烙印。越王勾践的剑、吴王夫差的矛，流落到楚国，这本身就是胜利的象征。

楚国的学术成就，多居当时中国领先地位，楚人庄周、老子都是楚文化中的代表人物。道家与儒家同时兴起，前者代表南方文化，后者代表北方文化。公元前278年楚都东迁后，楚文化开始衰落了。但这个时候产生的黄老学说是长江文化与黄河文化交融的产物，为后来汉朝的思想体系的建立做好了理论准备。

春秋战国时期的楚国文学达到先秦文学的顶峰，尤其是极富于浪漫色彩的创作风格，对后世的文学产生了深远的影响，其最具有代表性的是屈原的诗歌和庄周的散文。

楚国的美术作品有绘画、雕刻、图案三大类。迄今为止保存完整的先秦绘画有帛画两副和漆画一幅，即《人物龙凤帛画》、《人物御龙帛画》，均为长沙楚墓出土文物。这两幅画被视为国宝，是当今所谓国画先驱。

（3）吴越文化

长江下游古称吴越。这里雨量充沛，气候适宜，尤其是通江河道畅通，河网密集，也是早期人类活动的重要区域之一。在春秋战国吴国建国以前，这一带原始文化就十分发达。早在六七千年前，良渚人诞生于钱塘江南岸，越国会稽山阴县地为新石器时代晚期良渚文化分布区。与长江流域为邻的河姆渡人就在这一带种植水稻，植桑养蚕，建造房屋，繁衍生息。另外还有以首先发现于江宁县湖熟镇而得名的湖熟文化。湖熟文化实则包括苏、皖南部长江两岸文化。此文化极有可能为吴国早期文化。

长江下游的经济大开发，也是始于社会急剧变革的春秋战国时期。随着经济的不断发展，既继承先人之传统、遗风，也吸纳北方

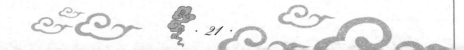

中原、齐鲁，尤其是荆楚的人才，所以吴越文化能在不断发展中形成自己的特色，与当时的巴蜀、荆楚文化平分秋色。

吴越经济的发展，首先得益于开发利用水利资源。长江流域水运条件得天独厚，吴越人先秦时期就已开发长江的水运资源。人工灌溉系统从公元前 11 世纪开始兴建。泰伯、仲雍等为"备民之旱涝"而开凿的"泰伯渎"，是沟通苏州与无锡的一条人工河道，同时也是一项农田水利工程。阖闾曾使伍子胥督役在太湖与胥溪之间开凿了一条"胥溪"。这条运河在阖闾攻楚时，为取得五战五捷的胜利发挥了作用。吴王夫差时，伍子胥在太湖以东又开凿了"胥浦"，此浦把太湖及周围天然河川联结起来。另外，吴王为了北上伐齐，还开凿了一条沟通长江与淮河的邗沟，把长江与淮河沟通起来；再由淮河北溯泗、颍等水，与中原沟通。这些水利工程有三个作用：一为便利交通运输，并在战争中发挥作用；二为开垦与灌溉田畴；三为改变长江下游洪涝，免除"江海之害"。

这一时期，吴越的丝织业发展很快，已在江南普及，成为当地支柱产业之一。据史书记载，当时的吴楚边界女子，因为养蚕缫丝争采桑叶引发冲突，以致两国正式交战，史称"争桑之战"。可见养蚕对吴国之重要。吴王夫差也就在此基础上"建城郭"、"实仓廪"。吴越的冶金业发展较快，从而提高了生产力，反过来又促进了水利及农业的发展。

吴越国的科学技术最值得一提的是冶金术。出土于湖北江陵的越王勾践剑是一柄"复合剑"。所谓复合剑，即剑脊和剑刃铜锡配比不同的剑。剑经过硫化处理，两面均有菱形暗色花纹，科技含量极高，实为当时天下第一剑。另外，吴越国的造船技术先进，已能造相当规模的战船，为赢得水上战争的胜利创造了条件。

江苏武进县出土的铜礼器和铜乐器制作精良，为吴国战国时期艺术品的代表作，吴国的一件铜器精品——刻纹椭杯，现被上海博物馆收藏。浙江绍兴市发掘的战国早期墓中出土的铜器是越国礼器

的代表作，其中一件铜屋模型惟妙惟肖地再现了当时越乐队演奏时的情景。

春秋时代，江南地区开始有了供君王游乐的行宫别馆——馆娃宫。这是吴王夫差宠爱越国进贡的美女西施，为她修建的园林，也是最早的皇家园林，对后世的江南园林产生了很大影响。

（三）秦汉至魏晋南北朝

这一时期长江流域相对稳定，黄河流域则多战乱。北方大批流民涌向南方，为长江流域经济发展和文化提供了人力、物力方面的保证。

长江文化开始同黄河文化有了更为广泛地交流和整合，并逐渐形成自己的特色。汉武帝时期，实行"罢黜百家"和"独尊儒术"，对长江文化产生了巨大的影响。到魏晋南北朝时期，长江文化在与黄河文化交融中得到发展。

1. 秦汉时期

秦汉时，长江流域较大规模的治水活动已经开始。灵渠，至今已有2200年的历史，它不仅沟通了长江水系的湘江和珠江水系的漓水，而且成为南北交往的重要水上通道，对古代中国南北经济、文化的交流起了巨大的推动作用。秦汉时期的水文，不仅有雨情上报制度，而且还有水位测报工作，如都江堰设立的三个石人就是用来测量水位的。东汉时期，太湖流域兴建了规模最大的水库——余杭南湖工程，既有防洪作用，又有灌溉之利。水利工程的兴建，有力地推动了农业发展。

东汉，长江流域的农业开始精耕细作，农业的兴旺为其他产业的兴起提供了基础。长江上游滇池的灌溉兴起。雅安地区、雅砻江下游和安宁河流域大面积开发。尤其是成都平原富庶程度足与关中平原媲美。当时，汉中地区、南阳地区、襄樊地区开沟挖渠、引水灌田发展迅速，为全国著名的农业灌溉区。漆器制作、造船与航海

及瓷器、丝绸纺织、酿酒、金属冶炼等都取得了一定的成绩。在交通及商业贸易方面，开辟了西南丝绸之路。西汉时长江上游川、滇之境，铜、铁、锡、铅等矿都在开采。长江中下游荆、扬二州冶铁业、铜业发达。

秦汉时期的科学技术水平已发展到一定的高度，特别是蔡伦发明了造纸。蔡伦为桂阳郡耒阳县人，所以纸的发源地是在长江流域。纸的发明，对世界文明的发展起到了重要的推动作用，这是中国人对世界文明作出的突出贡献。湖北荆州地区发明的水力鼓风炉用于冶铁，这为当地农业发展源源不断地提供了铁制农具，对后世的冶炼产生了深远的影响。

中国早期的医学知识和技术集大成于汉代的两部医学典籍中，而这两部医学专著都产生于长江流域。长沙马王堆 3 号汉墓出土的帛书医书，展现了《黄帝内经》尚未整理定型时的医学理论。帛书中有《五十二病方》，长达 15000 字，抄于公元前 3 世纪末。东汉末年长沙太守张仲景所著《伤寒论》则主要介绍治疗方法。

秦时，统一文字的主将李斯是楚人。他是在楚国成才后，来到秦国。西汉景帝末年，蜀郡守文翁（安徽庐江人）在成都开办了一个石室讲堂，这是历史上第一座由地方兴办的官学。东汉时，荆州经学名士刘表接纳天下学者数千人，荆州一时成为全国文化中心，后人称为“荆州学派”。秦汉时期中央集权的政治制度贯穿于以后的 2000 余年，在政治、经济、文化等方面深刻地影响着以后的封建社会。

秦汉时期的思想经历了一个由控制到放松，再由放松到控制的过程。秦刚统一中国时，为了维持其专制统治，焚书坑儒，结束了春秋战国以来数百年思想活跃的局面，是中国文明的一次大倒退，长江流域也不例外。西汉初，各个学派思想又开始活跃，无为而治的黄老思想在道家思想中渗入法家之学。这种学说反映到政治上，导致了汉初社会经济的复苏，长江流域开发继续前进。西汉中期儒

学成为正统，而长江流域的杨雄、王充等人著书立说，离经叛道，被称为思想界的"异端"。

秦汉时期，在民俗和礼仪制度方面，长江流域的巴蜀、荆楚、吴越都保持了各自的特色，丰富多彩。有些民俗如婚丧礼俗，除个别少数民族地区外，大部分地区都与中原地区相同。大部分地区都实行一夫一妻制，上层社会有妻妾制度。重要民间节日元旦、端午、七夕、重阳等也与黄河流域相同。端午节是为纪念战国时期伟大爱国诗人屈原而设立的，最初则源于长江流域。

汉时长江流域的文学成就主要表现在赋和诗两个方面。司马相如（四川成都人）、扬雄（四川郫县人）等人的赋在中国文学史上是不朽的。《孔雀东南飞》是秦汉时期诗歌的代表作。从汉乐府收集的诗歌中可以看出，长江流域的诗歌占绝大部分，上至统治者下至百姓都有好诗传颂。

汉代的画像石与画像砖闻名中外，基本上出自四川。汉代由于经济繁荣，兴厚葬之风，汉墓中大量的画像石和画像砖由此产生。画石画砖的题材丰富，反映了当时的社会生活、艺术水平，在中国美术史上有一定的地位。

此时长江流域的艺术，依然保持着战国时期的热情奔放，富有想象力的浪漫主义色彩。楚歌、楚舞已成为朝廷的主要歌舞种类；乐器种类更加丰富。另外，绘画及其他造型艺术达到一个新的高度，现在挖掘出的当时最多的作品是制画和漆画。

2. 三国时期

东汉末年，北方战乱频繁，导致了历史上第一次大规模地由北方向长江流域移民，从而给了长江流域经济、文化大发展极好的机遇。随后，建于长江流域的蜀汉政权与孙吴政权，跟中原的曹魏政权三足鼎立，达半个世纪之久。长江流域相对稳定使得各地的经济、文化都得到一定发展。

三国时期水利事业的兴起对经济的发展起到了很大的推动作用。

这一时期的水利，以现在的镇江地区、太湖周围和安徽沿江一带最为发达，其次是长江中游的湘江、沅江、汉江和赣江一些地区。在孙吴以前，秦淮河与江南运河原不相通，要去吴郡、会稽，如走水路，必须沿长江至镇江，然后再由镇江南循江南运河到吴、会。孙吴建都于邺（建康），想把秦淮河与江南运河沟通起来，因而有破岗渎的开凿。孙吴时期，造船业也有突飞猛进的发展。人工运河的开凿，造船业的兴起，沿江港埠的修建，都推动了长江航运事业的发展和沿江经济的繁荣。建邺当时就成了一个联结长江水运与吴、会水运的繁华城市。造船、交通运输与商业的发展，给海上交通事业的开发与拓展带来了机遇。

三国时期，曹操和孙吴皆因屯兵需要而屯田。建安五年，曹操以刘馥为扬州刺史。而孙吴政权通过屯田，促进江南的农业生产，保证粮食的供应，使得太湖周围等地区成为东吴境内最富裕的地区。魏末，司马懿也曾大力垦殖无主荒地以为屯田。

长江中下游的手工业在魏晋南北朝时期发展很快，纺织业以葛布、越布最为精致，瓷器制造业以浙江吴墓出土的青瓷鸟形杯和青瓷蛙形水注为代表。冶铁技术有一个带普遍性的成就，即"杂炼生（生铁）柔（熟铁）"法的采用。此法诞生于长江流域，能炼出优质钢材。冶铜最大的成功是新矿区的开发。南陵铜矿是丹阳铜矿沿长江向西的延伸，此时被开发出来。铜镜与铜器制造也达到了一定水准，湖北鄂城古井中出土的三件铜器为东吴铜器的代表作。造船业与运输业又得到进一步发展，主要是将机械制动原理运用到船只的制造上，这也是造船业的一次革命。三国时期，孙吴人赵爽的《周髀算经》为隋书《经籍志》所著录。他用弦证明勾股定理，至今仍有价值。天文学方面，吴太史令陈卓的星图，庐江人王蕃制造的浑仪等，在天文学史上都有一定地位。

三国时期，从文化发展结构来看，儒学独尊的局面被打破，儒、玄、佛、道既互相竞争又互为补充、互相渗透。在传授文化知识方

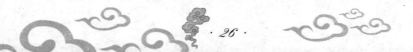

面，既有官办的儒、玄、史、文"四学并建"的学馆，又有私相传授的私学。南北文化既相互对峙、相互并存，又互为交融。

成都是长江上游地区最繁华的城市，商业、服饰、饮食文化等都达到了一定的水平。当时蜀地的今文经学比较流行，以董扶、任安为代表。这一时期，佛教盛于南方，并在东吴建寺。

对长江上游南中地区（相当于今四川省大渡河以南及云南、贵州两省，是古代少数民族聚居的地区）的开发是蜀汉政权对长江上游的一大贡献。诸葛亮平定当地少数民族的叛乱，使南中地区得以安定的主要原因，除了政治方针与经济政策外，他还十分重视少数民族的文化心态与风俗习惯，使西南民俗与文化得到保护和发展。

孙吴境内文化最发达的地区是都城建业及长江下游的吴郡、会稽郡、丹阳郡与豫章郡。

孙吴派卫温抵达夷州（台湾），这是大陆大规模航海到台湾最早见诸于历史文献的记录。不久孙吴又派遣朱应一行出使海南诸国，开始了这一地区对外文化交往的历史。

三国时期，蜀地的文学主要以外来人士的辞赋著名，他所撰的《释讥》流传至今。诸葛亮的散文《出师表》通篇凝聚着一个"忠"字，为后世忠臣所推崇，更为许多文人墨客所赞颂，至今仍被收入教科书，作为学生的范文。吴郡云阳人韦昭的《博弈论》被选入《昭明文选》。他改编的乐府歌词十二首，歌颂尚武进取精神，被《宋书·乐志》收录。当时安徽庐江产生了一位向往自由、反抗压迫的才女刘兰芝，随后记载她成长经历的《孔雀东南飞》问世，影响深远。

当时的音乐有吴歌、西曲。吴歌在东晋、南朝时颇盛，产生的中心是建康，其中多为民歌，如著名的《子夜歌》、《上声歌》即是该类作品。西曲产生较吴歌略晚，时在南朝宋、齐、梁时期，流传地区以今湖北江陵为中心，如著名的《莫愁乐》、《那呵滩》等。

三国时，吴国的曹不兴，画艺精湛，擅长画动物、人物，和佛

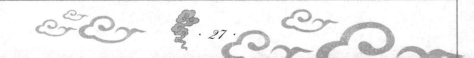

门造像。他不仅是中国画苑始祖之一，又有"佛画之祖"的称号。

3. 西晋时期

公元280年，晋灭吴，中国重新出现统一局面。西晋太康年间，全国出现了繁荣景象，但时间很短。"八王之乱"爆发，不久又有"永嘉之乱"，近90万北方移民南迁，从而导致了南北经济、文化的大转移，长江流域在全国的地位和作用上升。

晋武帝推行"广田积谷"的政策。这一时期，引水灌溉迅速发展，遍及赣江、汉水、湘江、沅江和长江中游其他小支流如沮水、漳水、巴水、富水以及澧水支流涔水等。江苏镇江地区农田灌溉事业也蓬勃发展起来。这一时期不仅形成了著名的南漳灌区，还修建了一些后代也受益的塘堰，如赤山塘、练塘、丹阳湖，及位于唐白河流域的六门堰等。魏晋时期，由于长江中下游地区经济已开始繁荣，农业兴盛，城镇增多，洪涝灾害也日益严重。官员已开始重视筑堤防洪，凿渠排涝。像三国时修建的石堤，西晋时江陵城一带修建的荆江堤，汉江中游宜城、襄阳处的江堤等。荆州城外的江堤除防洪外，还有军事防守作用。两晋时期，还开凿了一些运河，其中以扬夏水道规模最大。

西晋时期，长江流域经济继续发展。农业生产规模扩大，普遍采用围田而耕的生产方式，推广犁田耙田等新农具，农业耕作技术有很大的进步，粮食不断增产。手工艺制造水平不断提高。长江下游的宜兴为青瓷器制造技术比较发达的地区，与长江上游蜀地的水平大体相近，以后宜兴变成闻名全国的陶都。当时长江中游的陶瓷生产水平与下游相比，有一定的差距，但却反映了当地纯朴的民风。西晋时期，长江流域的造船业继续发展。这一时期城镇增多，商业繁荣。

当时金银铜器的制作已相当精巧。如在南京西晋墓中就出土了金戒指、银发钗等饰物。宜兴西晋周墓墩出土金属饰带17件，皆有镂空花纹，金属饰件中含有大量的铝。铝提炼很不易，这是化学史和冶金史上的新发现，反映了当时化学和冶金技术已达到了相当水平。

西晋时期，玄学得到较大发展。玄学的产生与经学思潮的没落，是当时社会危机的产物。玄学以精神性的"无"作为思想核心，是一种非经学的、糅杂儒道百家思想、综合表现时代精神的新哲学。玄学的产生使江南世风由尚武走向崇文。这一时期，玄学与佛理相互渗透，一些僧侣为了迎合名士，博览六经与百家之言，沟通玄佛义理，使得南方一些名士开始接受佛家思想，佛教盛行达到高潮。江南许多著名古刹就创建于此时。西晋文化界有一大特色，蜀、吴许多士人都是通过入仕来实现自己的理想抱负；且以学习经、史为主，著书立说颇丰。论学术成就陈寿最为突出，所著《三国志》是一部纪传体国别史，对中国史学作出了重要的贡献。

蜀人李密在晋武帝泰始年间，朝廷召他到朝中担任太子洗马。他为了在家照顾年高的祖母，上疏朝廷，也就是流传后世的《陈情表》，通篇凝聚着一个"孝"字，被世人传颂千载，为文学史上不可多得的佳作。

4. 东晋南朝时期

"永嘉之乱"以后，长江流域逐渐成为汉族政权赖以生存的地区，黄河流域为各少数民族所建立的政权所在地，逐渐形成了南北割据的局面。以后，长江南岸的建康（今南京）成为六朝国都，推动了江南经济、文化的发展，促使了中国封建社会文化重心南移。

东晋时，政治中心的都城建康成为南方最大的商业城市。城内宫殿宏伟，寺院林立，一派繁荣的景象。长江下游除了建康外，京口、当涂都有成为商业城市的趋势。城市的兴起，主要以农村经济作为基础。当时江南一带已成为东晋粮食主要产地。江州鄱阳湖区粮食不仅有余，而且外运，蚕桑业也得到较大发展。荆、湖地区经济发展更快，夏口（今汉口）也成为江汉交汇和洞庭湖流域农产品转运的必经之地。襄阳为江汉重镇，由于农副产品丰富，已成为南

北物资交换的据点。

东晋南朝时期的科学技术达到相当的水平。祖冲之是南朝伟大的科学家。他在数学、天文、机械等方面都有重大贡献。在医学与医药学方面，代表人物是葛洪和陶弘景。他们分别著有《肘后救卒方》和《本草经集注》，在实践和理论上都有所建树。

东晋时期南北文化主要是汉族文化与少数民族文化的对峙。长江文化直接继承了中原文化，同时又在南方自身文化基础上发展，它是南北文化大汇合的成果。经学的玄化与儒学的重建。南朝时期，儒学、玄学、史学、文学四学并立。梁朝时期，梁武帝萧衍兴修国学，广增生员，对长江流域儒学的重建起了关键的作用，开了中国科举制之先河。在东晋时期，还产生了一批以范缜为代表的无神论者。他们反对神不灭论，宣传神灭论，在思想界产生了很大的影响，其代表作为《神灭论》。

三国时期，吴都建业成为长江流域的佛教中心。佛教在长江流域的影响逐步扩大，南朝时期走向繁盛，其表现形式是寺院和僧尼的增加。道教至南朝继续扩大。由于统治者提倡，道观与道家著述不断增多。南朝时，道、儒、佛成为当时同行的三大信仰。

东晋时，南北朝廷多重视图书的收集整理。梁朝收书达到 2968 帙、23106 卷，还确定了四部分类法，也就是分为甲、乙、丙、丁四部，分别按经、史、子、集四类编纂。东晋时史学繁荣，发展成为一门独立的学科。南朝时，纪传体史书取得了很大成就，从而确立了纪传体在古代史学中的"正史"地位。刘勰的《文心雕龙·史传》是中国古代史学理论的奠基之作，也是中国史学史的一个雏形。这一时期还诞生了现存最古老、成书也最早的地方志——《华阳国志》。

这一时期文学创作与文学理论同时兴起，产生了以谢灵运为代表的山水诗开创者。与此同时，骈文、散文等也日臻成熟。江淹的《别赋》、《恨赋》，陶渊明的《桃花源记》，郦道元的《水经注》都

成了传世之作。南阳鲁褒讥时疾俗的《钱神论》也是为时人的传诵之作。当时的小说也有重大的发展，比较完整流传至今的有《世说新语》。文艺理论开始兴起，刘勰的《文心雕龙》和钟嵘的《诗品》为这方面的代表作。

东晋南朝时期，长江流域的音乐、舞蹈、杂技、绘画、雕塑和书法艺术，出现了丰富多彩的局面，书法艺术领域甚至产生了书圣——王羲之。音乐方面最流行的是《清商乐》。《清商乐》由于来自民间，传唱广泛，终于成为这一时期的主流音乐。后来，不少宫廷文人应时而作，如《春江花月夜》、《玉树后庭花》等。此乐后被隋文帝称为"华夏正声"。另外，在太湖流域还有一种民间音乐——吴歌。这种民歌发展到南朝时，经文人润色，加以管弦，而成为一种歌体，极具江南地方文化特色。此时，马戏、高跷、舞龙灯、狮子舞等杂技已开始盛行。

这一时期，私家园林开始在江南盛行。据《吴郡志》记载，顾辟疆所建之园，开创了江南私家造园之先河。兰亭、小隐山园等不少名园都建于此时。其园林特点是崇尚雅致自然，质朴旷达。开涧植林，聚石引泉，为以后园林的发展奠定了一种模式。

（四）隋唐

隋唐，中国重新走向统一。中国的经济、文化进入了封建社会的鼎盛期。特别是"安史之乱"之后，经济重心南移，长江文化得到空前的发展。

1. 隋代

隋朝建立后，中国数百年分裂割据局面宣告结束，这是继秦、汉之后，中国历史上又一个大发展时期。水利史上有一件大事，就是南北大运河全线贯通。运河的开凿，沟通了海河、黄河、淮河、长江、钱塘江五大水系，促进了南北经济、文化的交流与发展。同时，江浙一带很快成为全国财富的集中地，杭州、镇江、扬州等运

河沿岸商业城市明显繁荣起来。

隋朝末年，由于战争频繁，黄河流域的经济遭到重创，长江流域虽也受到不同程度地破坏，但人口南移的趋势有增无减，尤其是长江上游的剑南道（今四川和云南南部），因未受战争的影响，人口逐渐上升。

2. 唐代

唐代，中国经济、文化得到空前的发展，创造了封建社会的辉煌，长江流域在其中发挥着重要作用。

唐代，长江流域农田水利得到了较大规模的开发。当时对大运河进行了修整疏浚，加强了管理。长江中下游平原兴建堤垸圩田，沿江滨湖易洪易涝滩地及周边的丘陵岗地、易旱地得到充分利用。当时塘堰建设发展较快，长江流域以塘堰为主的各类水利工程约130项，以太湖地区最为密集，这就为太湖地区农业的大发展创造了条件，盛产稻米的太湖地区获得了"国之仓廪"的称号。

长江上游，因没有受隋末战乱的影响，盛唐，成都已为这一地区最大的商业城市，蜀地的农产品、手工业产品通过水陆源源不断地运往四面八方。位于长江下游的扬州地理位置适当，为全国的水运枢纽，成为唐代漕运及盐铁转运中心，当时长江下游代表城市。扬州的宫殿甚多，形成了一个宫殿群，堪与长安的大明宫媲美。市井相连与夜市千灯是以扬州为代表的江南城市的盛景。当时的扬州，在经济上已成为盐产、铸铜、纺织中心与米市。像这样的繁华城市，长江流域当时还有杭州、镇江、芜湖、九江、鄂州、荆州等。

唐代长江流域的海盐、井盐与铜铁金银等矿的开发达到了一个新高潮。手工业生产也达到了新的水平，如雕版印刷、纸的生产，瓷器业及铜器等。

综上所述，唐朝天宝以后，经济重心移到江南。后来长达8年之久的"安史之乱"爆发，黄河流域的经济、文化又一次遭受毁灭性的打击。长江流域基本上未受到战争的波及，成为战后唐朝经济

恢复的基地，朝廷财富来源主要依靠长江流域。

唐代的科学技术应首推雕版印刷。传世的印刷品为公元 868 年印造的《金刚经》，有图有文，反映出成熟的印刷技术。造纸业的发展，推动了雕版印刷业的兴起，蜀地开启了中国印刷业的先河。南西道宣城用木罩树皮和稻秆造的宣纸，宿州用竹子造的纸，都是新发明。瓷制作工艺水平很高，从江西景德镇胜梅亭出土的唐代白瓷，其制作水平已接近现代陶瓷的各项指标。长江中下游已成为全国造船中心。随着造船数量的增多，造船技术也明显提高。襄州刺史李皋用挂车击水为动力，不仅提高了船舰航行速度，也节省了人力。

唐代社会较为开放，其学风也儒佛相渗。宗教方面，外来的佛教已基本完成了中国化过程。表现为寺院遍布各地，寺院经济得到发展，佛教宗派大量出现，影响极大。在中国佛教诸宗派中影响最大的禅宗，是佛教中国化的标志，其创始与发展几乎都以荆楚大地为根基。另外，由于唐初高祖李渊"以李氏出自老君"为由，定道教为国教。以后，各朝皇帝都提倡，从而也推动了道教的发展。

唐王朝采取行政手段统一学术思想，改变了南北朝南、北经学分歧的局面，为经学的全面发展提供了条件，最具代表性的为啖助《春秋》之作——《春秋集传》、《春秋统例》。在史学方面，研究《汉书》、《史记》成就最大，而且还将"三史"《史记》、《汉书》、《后汉书》、《三国志》，当时称为"三史"，为科举的重要科目之一。除此之外，唐王朝还专设史官编撰《实录》。特别是彭城人刘知几的《史通》被称为中国历史上第一部史评体著作。

唐朝文学，尤其是诗歌走向了中国古典文学发展的高峰。其中大部分出自长江流域的诗人之手，杜甫的夔州诗更具有代表性。自开元、天宝以后，传奇作品走向繁荣，不少长江流域的作者积极参加创作。大历年间，史官、吴人沈既济的《枕中记》、《任氏传》，常州义人蒋防的《霍小玉传》为其代表作。唐代中叶，长江流域的一些民间诗人将民间歌谣吸收到他们的诗作之中，打破了唐诗五言、

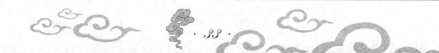

七言的框框。另外，一些有名望的诗人如李白、刘禹锡、杜牧等，将歌妓所唱的不健康的原词改填新词供其传唱，由于都是出自名家之手，流传极广。于是，出现了最早的"词"，这实际上是长江文化对中华文化发展的又一大贡献。

唐代的艺术百花齐放，许多艺术精湛的艺术家为中华文化留下了光辉的业绩。初唐书法四杰，除薛稷为北方人外，虞世南、欧阳询、李邕三人全出自长江流域。安史之乱中唐玄宗、唐僖宗先后避乱入蜀。蜀中安定的社会，吸引了大批的中原知识分子，使得蜀地成为当时中国文化最发达的地区之一。在文学创作方面，词的创作最为繁荣。蜀人赵崇祚编的《花间集》18 家中，除温庭筠等少数人外，都是蜀人。他们的词形成了中国文学史上著名的花间派，影响深远。

唐后期，成都成为中国绘画的中心。这是安史之乱时随唐玄宗到成都的一些画家就地安家，未能北返，与本地的画家汇合形成的。四川石刻佛像是一个令人惊叹的艺术。其中始建于唐玄宗开元元年（公元 713 年），完成于唐德宗贞元十九年（公元 803 年），历时 90 年之久的乐山凌云大佛最为著名。

3. 五代十国

唐朝瓦解以后，五代十国中的吴、南唐、前蜀、后蜀、楚、吴越、与南平 7 国都在长江流域。长江流域各国彼此在相互交融、竞争中得到发展。

经过唐末的战乱，五代时期在恢复农业生产时，水利工程仍发挥着重要的作用。如吴越修筑杭州捍海塘，对杭州城的繁荣与农业的进一步发展起到重要作用。另外，吴越国因地制宜，导河筑堤，兴办塘浦圩田，太湖水利得以迅速发展。五代十国的工商业也得到发展。

五代时期在冶炼、印刷、海盐生产、井盐生产、建筑、造纸、造船等方面均取得突破性进展。长江流域黄铜冶炼技术突飞猛进。云南的镍铜矿可炼出白铜，被国外称为"中国银"，西方到 19 世纪才仿造成功。五代时期雕版印刷盛行。江西一带经济发达，社会安

定，吸引大批北方文人学士至此避难。当时的一种"澄心堂纸"由于质量极佳，一幅定价在百金之上，是不可多得的好纸。南唐陪戎副都尉剑州陈士良所著的《食性本草》一书，与唐代孟诜的《食疗本草》、明代汪颖的《食物本草》一起被称为中国古代"食物中药"的三大名著。越国的天文学，当时已达到世界一流水平。杭州玉皇山下吴越国王墓中发现了一块石刻星图，是目前已发现的世界上最早的一块石刻星相图，对研究中国天文学史，科学价值极高。

五代十国时，佛教一统天下。当时流行的佛教主要有禅宗、天台宗和律宗三支。吴越国智觉禅师延寿编撰的《宗镜录》，对开创宋代"三教合一"有一定的价值。吴越国国王大兴佛寺，仅灵隐寺就扩建房屋千余间。杭州当时有"佛国"之称。

五代文学的代表莫过于词，这时期词人所写的诗词多感伤之作，其内容大多反映了唐末五代时期离乱的痛苦和政治的腐败。南唐文学中词的创作成就最高，南唐二主李王景、李煜最有名。五代时期长江中游的楚文化虽不及巴蜀，但在文学创作方面却引人注目。当时的天策府有十八学士，如刘昭禹、廖光图等都是工于诗文的著名楚国文人。

五代十国时期，西蜀地区是绘画艺术最发达的地区。后蜀孟昶明德时期（公元 934～937 年）设立了宫廷绘画的专门机构翰林图画院，各地著名的画家云集。吴越国由于重视文化建设，许多文臣、僧人都有较高的文学素养，如文臣罗隐、诗僧贯休在当时文学艺术界都享有盛名。贯休还是当时著名的画家，他画的罗汉是世界古代佛教绘画史上的名作，有的刻本流传日本。唐中主李王景时期设立画院，一时名家辈出，成就较大。山水画以董源为代表，他的画具有真实的自然美，被推为江南画的开山始祖。书法以书法史上著称的"大小二徐"徐铉、徐锴最有名气。五代南唐的雕塑艺术，代表了当时的成就和水平。

（五）宋代

宋代，长江流域的经济已超过北方，江浙成为全国经济最发达的地区，军国之费多出于东南。经济的发展带动了文化的繁荣，特别是南宋政治中心转移到杭州以后，长江流域经济文化进一步发展。

宋代的农业大发展与宋朝重视水利密切相关。朝廷不时发布农田水利的诏令，而且把农田水利的兴建作为检验地方官员政绩的一个重要方面。当时重点是解决漕运和农田排灌问题。运河船闸的完善保证了漕运的顺利进行。为了保证长江中下游地区农业的发展，灌溉排水工程规模不断扩大。尤其是王安石变法期间，水利建设成就更为突出。

宋代长江流域农业生产的发展与生产工具的发展水平有着密切的关系。宋代江南的犁有了重大改进。在宋神宗年间（公元1068～1085年），鄂州创造了用于插秧的秧马。在灌溉排水上，普及推广了水车。在收获脱粒工具上，江南地区进行了改进，大大提高了劳动效率。除此之外，宋朝鼓励南方尤其是长江流域人民种植小麦，改变了这一地区"专种粳稻"的耕作制度。这样换种轮作，提高了农田复种指数，从而提高粮食总产量。随着农业生产技术的进步和商品经济的发展，各种经济作物的种植规模也比唐代有所扩大。其中较为突出的是茶、蚕桑、麻棉和果木业。以上措施，使两浙成为两宋时期农业生产最发达的地区。

两宋时期，长江流域许多大、中、小城市都有较大的发展。大城市以杭州为典型，代表了这一时期长江流域城市经济发展的水平。手工业主要表现为矿冶业的发达与金属制造业的兴盛。这个时期的丝织业不仅产区多、规模大，其最大特点是花色品种繁多，从普通的绸、缎、绢、锦到绮、绫、纱、罗、绉以至绣绵等。棉织业开始兴起，已成为农村重要的副业生产。食品生产主要在制糖、制盐和酿酒上。其中蔗糖生产的一个重大发明是糖霜，当时四川遂宁糖霜为全国之最。长江流域以井盐为主，以四川井盐最为著称。宋时制瓷业得到了重大发展，可称为长江流域制瓷业的发展时期。随着商品经济的繁荣和对外贸易的发展，造船业十分发达，造船技术达到了一个新的水平，造船数量大，船舶体积和载量大，品种繁多。

宋代商业发生了一次大变革。随着城坊制度的取消，政府不再干预和管制商人的正当营业活动。由于长江流域的商业十分发达，货币因流通需要而有所改革。当时除了铜钱和白银两种货币少量使用外，纸币已成为长江流域的主要交换手段，这是货币发展史上的一个进步。两宋时期，朝廷为了增加财政收入，对海外贸易极其重视。长江下游拥有众多的贸易港口，如杭州、镇江、江阴、华亭等。

中国的四大发明是宋代在长江流域完成的。造纸业在宋代得到空前发展，纸的质量、产量都超过历代。雕版印刷始于唐五代时期的杭州与成都地区，在印刷术上具有革命性的活字印刷，于北宋仁宗庆历年间由杭州人毕昇发明。火药的发明也在长江流域。指南针出现应当是在公元 10 世纪。沈括的《梦溪笔谈》被英国当代著名的科技史学家李约瑟先生誉为"中国科学史上的里程碑"。在天文学方面，以沈括、苏颂为代表也做出过突出贡献。尤其是苏颂，他在天文学上的最大贡献就是他领导研制出大型天文观测器——被称为近代天文钟鼻祖的水运仪像台又是世界上第一座天文授时钟。宋代长江流域的地理学、农学、动植物学、物候学、酿造学、医学、造船技术、金属冶炼技术、造纸技术、瓷器制造与纺织技术等许多方面都走在全国的前列。

北宋时期，中国文化重心已南移。长江流域学者人数、科举进士人数、各类科技人才、艺术人才的人数均超过北方。宋室南迁，北方有 150 万至 200 万人随之南下，为长江流域带来了浓郁的北方文化与大量的人才。长江文化在吸收黄河文化的同时，保持自己的特色，长足地向前发展。

宋代儒、释、道三家学说经过长时期的互相交流、互相斗争、互相排斥、互相渗透和补充，共同发展，许多重要人物也在长江流

域。如对北宋产生极大影响、被称为宋代学者之首的胡瑗是泰州人。宋代是佛教中国化、世俗化继续深入的时期，也是长江流域道教发展的又一个高峰期。这一时期长江流域在道教的创宗立派中颇有建树，在道教书籍的收集编修方面也有积极贡献。萌芽于唐代的书院教育，到了北宋开始形成一种独立于官学之外的独特教育组织，已由单纯的藏书发展为教学。南宋时最著名的史学家是四川眉山丹棱（今四川丹棱县）人李焘。他花了 40 年时间完成的《续资治通鉴长编》是继司马光《资治通鉴》后，又一部价值很高的史学名著，是史学文库中不可多得的、最详尽的北宋编年史。

这一时期的文学成就有三大特色：一是词的极盛；二是诗的繁荣；三是古文的革新。词发展到了宋代进入了全盛期。歌到宋代又有了一定的发展。宋代的古文运动，是古代散文史上的一个重要里程碑。

宋代的绘画是中国古代绘画史的鼎盛期。北宋时北方绘画人才比南方多，南宋时南方的人才远远超过北方。宋代绘画的繁荣还主要表现在普及上。上至帝王将相，下至庶民百姓，甚至僧道歌妓，都对绘画表现出浓厚的兴趣。山水画也摆脱了作为人物画背景陪衬的附庸地位，以一种独立的画派出现在中国画坛。宋代的书法成就虽不及文学、绘画，但也有一些名家及传世之作，而这些书法家绝大多数为南人。宋代，中国音乐艺术南盛于北的局面已经形成，而且南方音乐繁荣地区主要集中在长江流域。

元朝建立后，草原游牧文化开始对汉文化产生冲击。明代，长江流域的经济、文化发展，已跃居全国前列。到了清代康熙、乾隆时期，长江流域的经济、文化已稳居全国领先地位。

（六）元代

古人创建了元朝，结束了五代以来长期割裂的局面。元代是中国经济乃至长江流域的经济发展较为缓慢的时期。元初，社会政治、经济、文化还得到一定的发展。以后元朝的统治始终处在统治阶级

内部矛盾、阶级矛盾和民族矛盾的激烈斗争中。忽必烈以后的皇帝大多不理朝政，对社会进步贡献不大。长江流域的经济、文化发展缓慢。

元代，各民族在开发祖国边疆、兴修水利方面，做出了一定的努力。对西南边陲的滇池水患进行了治理，同时开辟良田，农业生产水平有很大的提高，促进了云南社会经济的发展。元代在水运方面的突出成就是大规模的整治京杭大运河，全线通航。元代水患严重，对江河水患的治理也多处于无政府状态。元代的农业发展最为迅速的是棉花生产。浙东、江西、湖广等地开始推广棉花的种植，产量增加，棉布成为商品，用人日多。元成宗元贞间，从小在琼州旅居的黄道婆返回故乡松江，带回黎族人民的纺织工具及技术，用以生产的织物亦质地精细，花色繁美，一时成为畅销商品。从此，棉纺工艺在江南地区农村推广。到了明代，松江已成为出产棉布的中心，世称松江布。

元代长江流域因受战争破坏较小，最初保持了南宋以来的繁荣。长江中游的南昌、江陵、武昌、汉口，西通巴蜀，控扼江湖，为四方货运交汇之处，工商业也发达。湖北襄阳，地处汉水中游，为南北贸易枢纽。四川成都仍为长江上游商业发达地区。外贸易进一步发展，州等已是外国商人频繁出入的城市。上海于宋末已成为对外贸易港口，此后逐步发展成为中国对外贸易最重要的门户。

元末湖州娄元礼所撰的《田家五行》一书，是现存最早的农业气象专著。长江流域的造船技术至元代得到更大的发展。所造船只不仅品种众多，而且性能优良、技术先进，为当时的中国人赢得了"世界最进步的造船匠"的誉称。

草原游牧民族文化给汉族文化的冲击，既有消极也有积极的一面。在政治上，元统治者推行民族歧视政策；在文化上，推行废弃科举、重吏轻儒等一系列政策，科举制度从忽必烈开国起停止了长达半个世纪之久。这些政策的实施，使长江流域的文化出现了停滞

不前的状态。但同时，元朝疆域辽阔，加强了国内各民族之间和中外之间的经济、文化交流，也为长江文化的发展带来了积极的成分。元朝宗教长江流域依然是释道两教发展的主要地区。

金末元初流行于中国北方的杂剧，到元朝统一后更为风行，并向南方传播，终于形成文学重要体裁之一的"元曲"。元曲与唐诗、宋词、明清小说并称，对我国文学艺术、特别是戏剧的影响至为深远。绘画理论也有很大的发展。吴兴人夏文彦的《国绘宝鉴》是当时史传类的绘画理论著作，共收录画家 1500 人，并介绍了他们的成就。

（七）明代

明初建都南京，后移都北京，但在经济上依然依赖南方。随着社会经济的发展，生产力水平的提高，资本主义生产的萌芽已在明中后期出现在长江中下游商品经济发达的地区。长江流域的文化也在发展中产生了相应的变化。

明初统一全国后，首先是恢复农业生产，在朝廷设立了"修筑堤防，专管水利"的机构——营田司。当时所开塘堰，以长江流域为最多，尤其在长江中下游地区和四川盆地一带。长江三角洲、安徽、湖北等地区成为主要粮棉产区。当时松江地区的 200 万亩耕地已"大半种棉"，太仓、嘉定等地也形成三分种稻、七分种棉的结构。

农业的发展相应带动了纺织、制瓷、造纸、制盐等其他产业的发展。松江地区（包括上海）成为全国最大的棉织业中心。江苏南部一带的丝织业兴起，取代了成都而成为最大的丝织生产基地，苏杭成为闻名天下的丝织中心。制瓷业以景德镇最典型。造纸业更为发展，江西广信府是著名造纸区，在万历时出现了"槽房"式的手工工场，雇佣了大批工人。四川井盐的大量开采已成为明王朝财政收入的重要来源。明代由于矿业政策的松动，长江流域的民矿、民冶业发展颇快，上中下游均有分布。采矿技术较前代有较大的进步，

如从用铁锤敲击改用火药爆破。手工业生产规模加大，集中了大量的掌握专门技能的雇佣劳动者，商品流通加剧，资本主义萌芽出现。

明代长江流域的船舶、航海、冶金、纺织、陶瓷、造纸、印刷、水利、园林建筑、数学、医药等均居国内领先地位。航海体现在郑和七下西洋的壮举上。冶金技术在采矿、冶炼、制钢、铸造、锻造等方面一直居全国领先地位。建筑成就主要体现在城市建筑和园林技术上，京城与北京城是古代城市建筑的代表作。湖北蕲州人李时珍是著名的医药科学家，他毕生著述的东方医药巨典《本草纲目》因其实用性，至今为中国和世界各国所重视。徐光启编著的农业百科全书《农政全书》使他成为中国古典农学的集大成者。宋应星的巨著《天工开物》是中国工农业生产技艺的总汇。徐霞客历经30多年艰难困苦，走遍祖国的大半山河，考察了山川河流、岩溶地貌、风土人情，写下了几百万字的游记。他首次纠正了长江源于岷江之旧说，认为长江源于金沙江。

长江流域商品经济和城市经济的发展，滋生了平等意识和市民意识的市民文化。在这样的社会经济条件下，明代的长江文化带有鲜明的时代特征，逐渐摆脱了传统文化的束缚，朝着更务实的方向发展。即社会更注重功利而积极兴办生产性企业，也就是后人所称的实学，长江流域也是实学的发源地。理学仍然是这一时期占统治地位的哲学学说，并直接继承了宋代程朱理学的思想。到了明代中叶，随着社会矛盾的加剧，学术思想开始变革，出现王守仁心学（阳明学）。天主教在明后期开始在中国传播，加入天主教的中国人不断增加，全国各地纷纷建立教堂，从此天主教与佛教、道教一起成为中国的三大宗教。明代的西学东渐对中国文化产生了巨大影响。天主教较早传入中国，西方传教士同时也带来了西方的文化。传教士带来了当时中国在天文学、数学、地理学、哲学、水利学、舰船与枪炮制造术等领域里尚未达到的先进的科学技术。明书院带有浓厚的政治色彩，不少有识之士以书院的形式与朝廷的官宦展开斗争。

在史学著作方面，官修史书的成绩突出，主要有《元史》、《明会典》和《明实录》，而参加者绝大多数来自长江流域。

孕育于宋元两代的中国话本小说到明代已趋成熟，思想内容与艺术水平都达到了相当高的程度。浙江钱塘人罗贯中的《三国演义》、江苏兴化人施耐庵的《水浒》、江苏淮安人吴承恩的《西游记》、江苏常州人冯梦龙的《三言》、浙江乌程人凌蒙初的《二拍》等，都是市井文学的代表作。

明代长江流域是全国绘画的中心，流派迭出，名家众多。山水、人物、花鸟，以及杂画等流派呈争艳之势。人物画以仇英、陈洪绶等为代表；花鸟画有吕纪、陈淳、徐渭等领先；山水画出现了以沈周、文徵明为代表的两大派别。他们各领风骚，对画坛产生了深远的影响。书法家明后期有董其昌，擅长行、草书，一生作品众多，对书坛影响深远。音乐成就以朱载土育最为突出，所著《乐律全书》乐律理论有重要突破与发展，有些发现远早于欧洲。戏曲方面由于剧作家几乎全在南方，传奇临川派的创始人汤显祖为其中的代表人物。他的"四梦传奇"，尤以《牡丹亭》为传世之佳作。

明代新兴的市镇文化，首先反映在民居、园林、棚廓上。民居以安徽徽州一带最具有时代和地方特色，也基本代表了长江流域民居的基本格局。典雅精巧的园林是明代江南市镇独特的景观，苏州的园林最具代表性。书刻印与收藏非常丰富。明代有四大书市，即燕市（北京）、金陵（南京）、阊阖（苏州）、临安（杭州），长江流域占其三。明代长江市镇文化还有一个特点就是会馆、公所与茶馆的出现。

起于明中后期的无锡惠山泥人，不仅是平民百姓所喜爱的民间工艺品，同时也为官方所接受。紫砂制造初始于北宋，明时盛行。宜兴紫砂茶壶是紫砂工艺品中的佼佼者。

（八）清代（至鸦片战争前）

清代长江中下游沿岸、汉江中下游、洞庭湖区和鄱阳湖区，尤其是荆江河段，为长江流域重灾区。仅清顺治六年至嘉庆四年（公元 1649~1799 年）150 年中，长江中下游发生了 13 次洪灾，荆江和汉江下游发生了 11 次。长江流域中下游为中国粮仓的地位已不可取代，为此清朝比任何时候都重视治理长江的水患。康熙把水利经费由 30 万增至 300 万。清代中期，长江干支流堤防体系已经形成，海塘已连成一体，太湖、洞庭湖、滇池等几大湖泊也得到一定的治理。

为了使因长期战乱而荒芜的土地重新耕种，康熙朝一方面劝民开垦，另一方面竭力推行"屯田"政策。清代，长江流域主要省区的耕地面积远远超过其他地区，水稻的主要产区依然在长江流域，新品种水稻已在长江流域各省普遍推广。四川、浙江、江苏、湖南、湖北等地还种植小麦、玉米、甘薯等，以提高土地使用率，增加粮食作物产量，改善食物结构。清代，长江流域经济作物的种植也有所发展，棉花、桑树、甘蔗、茶叶等产量倍增，成为当地人们收入的主要来源。经济作物、粮食生产商品化有了进一步发展。

康熙、乾隆时期，纺织、制瓷、造纸、制盐等业都得到发展。清代，除民间纺织业外，官办的织染局和织造局主要有江宁、苏州、杭州等 3 局。清代造纸业发展更为迅速，杭州、江西等地的农村造纸业也成了地区农民收入的重要来源。产盐地区仍以四川、云南为主。矿产开发以汉水流域、四川、江西、湖南等地发展得更快。安徽芜湖和湖南湘潭的钢坊生产的苏钢是明代灌钢技术的一个重大发展，促进了全国灌钢生产工具的改进。乾隆朝是滇铜的全盛时期，足供京铜、省铸、外省采买三大需要。清代，苏州、松江、嘉兴、杭州、湖州等地的商品经济发展，松江、上海一带的家庭手工棉纺织业已有相当高的商品率，民营手工业也有较大发展。商品经济活跃，导致国内外市场扩大，如生丝、茶叶、丝织品、瓷器等商品，

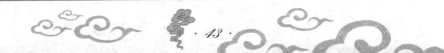

不仅拥有广阔的国内市场，而且还远销欧洲、美洲和日本。当时商业金融信贷组织——钱庄已经产生，钱庄的主要活动区域是东南各省，而以上海为中心。

在明清之际，江南丝织业中作坊的规模扩大，可以说是初期的工厂手工业了。到了清代，规模进一步扩大，交换手段也发生了根本的变化。这种现象在长江流域的矿冶业、造纸业、瓷器业中都明显存在。资本主义已开始萌芽。

康熙二十二年，结束海禁，西方各国在沿海各省定期举行贸易活动。长江流域位于西学东渐的前沿，一大批有识之士在传统文化的基础上，对西方近代科学技术采取积极吸收、消化、融会贯通的态度，通过引进，在天文历法、数学、物理学、气象学、医药学、建筑学、机械学等领域，取得了可喜的成绩，同时出现了一批科技人才。

中外文化交融的结果，在文化心态、价值取向上，给传统的文化带来冲击，尊重知识产生了巨大的效用。以长江区域文化为依托，以顾（炎武）、黄（宗羲）、方（以智）、王（夫之）为代表的进步思潮，及其后的乾嘉吴派、皖派汉学、常州今文经学派等，为长江流域的精神文明创新，做出了积极的努力。继清初四大家后，又涌现出一批学者。主要是江苏吴县人惠栋，安徽休宁人戴震，江苏江都人汪中，江苏仪征人阮正，浙江仁和人龚自珍等。他们所宣扬的进步思想，为近代维新运动提供了理论依据和舆论支撑。

长江文化到清代有新的发展与变化。巴蜀文化、荆楚文化、吴越文化除了进一步发展外，又凸现出新的文化现象，这里重点述徽州文化。徽州由于独特的地理位置，历史上是理想的避难所和徙居地。到徽州定居的大族绝大部分都是尊孔读经、崇尚儒术的中原士族。这些儒家知识分子带来了先进的中原文化，在徽州传播，与当地山越文化相融合，形成一种新的独特的徽州文化。这一时期除了徽州文化外，其他文化在原有基础上也得到较大发展。科举中，吴越子弟中状元者占全国状元数的三分之一。当时江南众多书院时兴

讲学，也是当时吴越文化昌盛的一种表现。

清代长江流域文学成就最大的是小说。吴敬梓的《儒林外史》是中国古典文学批判现实主义最杰出的代表作之一，它对后世的影响极大。清代的诗、文也取得了一定的成就，许多作者在当时就产生了一定的影响。戏曲方面的成就主要体现在戏曲创作与戏曲理论上。在戏曲创作上，最成功是洪昇的《长生殿》。在绘画方面，"清六家"最为著名。即王时敏、王鉴、王原祁、吴历、恽寿平、王羽军，他们都是江苏人，以山水画为主。八大山人以朱耷的艺术成就最大。"扬州八怪"之一的郑板桥，其诗、书、画被称为"三绝"。

这一时期长江流域其他艺术也取得了显著的成就，尤其是建筑与园林。风格独特、造型别致的江南园林，是长江文化的一个重要组成部分。清代宫廷享用的刺绣品几乎都出自苏州，不少作品已远销欧洲、美洲等地区。清乾隆年间，四川绵竹年画发展到鼎盛期。一个小县就有年画作坊300多户，不仅销售全国各地，还远销海外。

清代大兴文字狱，禁书焚书，阻碍了文化发展；又以整理古籍之名禁锢思想。文字狱兴起于中国古代，而最猖獗当推明清两朝，尤以清代为最盛。长江流域为主要打击的地区，狱案之多，涉及人数之众，危害之巨前所未有。文字狱案的发生，使得大批人才被摧残，"经世致用"之学和科学精神被扼杀。

三　风流人物

（一）春秋战国时期

　　先秦时期，中国的政治经济核心区在黄河流域，故黄河流域人才辈出，繁若星河，而长江流域人才稀落，文化显得暗淡无光。不过，春秋战国时期楚文化在长江流域独领风骚，一度与中原文化相抗衡，因此长江流域的文化也并非一片沙漠。

　　谈到楚文化，当然要推老子、庄周、屈原、宋玉四人。我们知道，道家文化是中国传统文化中十分重要的文化，道家的创始人老子、庄子都是楚国人或主要生活在楚国。道家文化的根基在长江流域，与产生于黄河流域的儒家文化分庭中国南北。老子的主要学术以道为核心，认为道为万物之源，《道德经》所谓"道生一，一生二，二生三，三生万物"，道为道家寻求的最高境界。在辩证法上道家讲求事物的对立统一，强调刚柔相济，祸福相依，而表现在政治上则主张"无为而治"，《道德经》所谓"圣人处无为之事，行不言之教"，便是指此。在这种政治思想下老子寻求一种"小国寡民"的乌托邦式的现实生活。

　　庄子则继续了老子的道为万物之源说，但认为除了道以外，其他都是相对的，无所谓大小、彼此、是非、成败、生死，世界并没有一个客观标准，完全走向一个绝对的相对论、不可知论的虚无主义泥潭中。

　　战国末期，秦、楚、燕、韩、赵、魏、齐七国争雄。楚国地域广阔，占有长江流域的大部分土地。在离长江三峡不远的屈地，也就是现在湖北省秭归县境内，世代居住着一支屈姓贵族，他们是楚

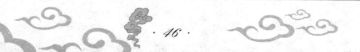

国宗室的后代。其先祖熊暇，为楚武王之子，被封到屈地为卿，因此他的子孙后代便以封地为姓氏了。我们称屈原为爱国主义诗人，但屈氏的爱国主义多是一种形式上的，是春秋战国时期列国之间的爱国主义，他真正为中国文化留下的宝贵财富还应是在诗歌上，只是他的诗歌里将自己的人生境遇与楚国的国家兴亡系于一体，使他的文学成就富有特色。屈原的作品中以《离骚》最有影响，《离骚》是屈原对自己人生境遇的告白，将自己对楚国的热爱与浪漫主义的感情融在一起。屈原内心深处由于在政治上受奸臣谗言诋毁而怀才不遇。但屈原并没有完全消沉，而是将一种放纵浪漫的情感融入自己的追求之中，一方面在《离骚》中发出"路漫漫其修远兮，吾将上下而求索"，一方面在《九歌》中发出"满堂兮美人，忽独与余兮目成"的浪漫放纵。正是在这种情感下，最终当自己的抱负不能实现时，屈原采取了一种放纵的投江自尽的壮举来实现自己的追求。

这个时期荆楚地区的另一位文学家宋玉更有放纵浪漫的文学思想。与屈原一样，宋玉曾力主参与政治，为楚襄王干事，但同样没有得到楚襄王重任，怀才不遇，与屈原有相似之处，而宋玉在其诗赋中的放纵浪漫，是屈原所不能比的。我们看到的《九辩》、《高唐赋》、《神女赋》、《登徒子好色赋》等作品，完全是宋玉自己人生经历的告白书，反映了时代与人生遭遇，表明了自己不愿同流合污而远离尘世的情感。宋玉的作品在中国文学史上的贡献可能还有其对男女言情的直白描述，如《高唐赋》、《神女赋》。而《登徒子好色赋》则对现实中的女子尽情刻画。

(二) 秦汉时期

秦汉时期，长江流域与黄河流域同处于汉王朝的控制之下，中原的儒家文化对长江流域影响较大。不过，秦汉时期，楚文化已经衰落，长江流域在全国有影响的文化名人主要都是出于长江上游地区和下游地区，如司马相如、扬雄、王褒、桓谭、王充、落下闳等。

　　司马相如，字长卿，蜀郡成都人，西汉时期我国著名的文学家。因从小为蔺相如人品所感召，故更名为相如。司马相如青年时东游梁国成为梁孝王的宾客，受当时著名辞赋家邹阳、枚乘等影响，完成了自己文学创作中的重要作品《子虚赋》。梁孝王死后，司马相如回到家乡临邛（四川邛崃），但家道中衰，好在朋友相助才得以维生。后在临邛富豪卓王孙家认识了寡妇卓文君，两相爱慕。勇敢的卓文君冲破封建礼教的束缚，私奔成都，后来不怕家庭在经济上的制约，回到临邛办起了小酒店，以维持生活，于是才有千古流传的卓文君"当垆卖酒"的典故。两人的恩爱情感最终打动了卓王孙，分给了他们钱物，使他们回到成都生活。后因汉武帝读到《子虚赋》而使司马相如受到重用。以后司马相如在西南地区开发过程中起了重要的作用，但其主要贡献还是在文学上。

　　扬雄，西汉末年成都人，早年崇慕司马相如，开始仿照作赋，写下了《蜀都赋》、《十二州箴》、《县邸铭》、《广骚》等辞赋作品。《汉书》作者班固称自孔子到西汉末年"博物洽闻，通达古今，其言有补于世"者仅6人，扬雄就是其中一人，可见扬雄的学术地位。扬雄30多岁才游历长安，受人推荐，得汉成帝赏识，入黄门为侍郎，其后写下了《甘泉赋朋河东赋撽校猎赋》、《长杨赋肌逐贫赋》、《酒箴》等诗赋，同时写下了《太玄》、《法言》两篇哲学著作，其中《法言》语言浅显，流传较广。同时，扬雄还写有《训纂》、《方言》、《蜀王本记》等著作，在我国语言文字和地方历史研究方面也有较大的贡献。可以说扬雄是我国古代一位重要的文学家、哲学家和语言文字学家。

　　在汉代文学史上王褒的贡献也不可不谈。王褒为蜀郡资中人（今四川资阳），是西汉我国著名的御用辞赋家。《汉书·艺文志》记载王褒有赋16篇，其中以《同箫赋》最为出名。他的赋细微深入，刻画生动，骈语对句较多，对汉赋的发展有较大影响。

　　汉代长江流域在哲学思想上也出了两个较有影响的学者，他们

就是桓谭、王充。桓谭，沛国相人（今安徽濉溪县西北），汉光武帝时入朝为官，对古文经学尤为热爱，为汉代著名的古文经学家。他在哲学思想上主张无神论，反对谶纬之学，其代表作《新论》对谶纬学术的许多观点作了猛烈的抨击。王充（约为公元27～公元100年），字仲任，会稽（今浙江）上虞人。曾任小官吏，但仕途不幸，遭受打击后闭门著书为生，写出了《讥俗》、《政务》、《论衡》、《养性书》等著作，今只存《论衡》84卷。

汉代长江流域最有影响的科学家应该是阆中的天文历算学家落下闳。落下闳为巴郡阆中人（今四川阆中市），汉武帝时，落下闳被召进长安主持《太初历》的运算工作。《太初历》为我国第一部有文字记载的完整历法。汉武帝为表彰他，授他侍中之职，但他却辞职回老家阆中继续研究历算。

文化发展与人才兴衰在传统社会往往是与经济发展有关的，汉代长江流域从整体上看，与黄河流域在经济上是不能相提并论的。同样，虽然我们列举了以上长江流域这些杰出的人才，个个影响大，但相对于黄河流域来说，人才的密集度还是远远不如。同样是长江流域，由于其中游在汉代经济地位低下，相伴随的是楚文化的衰落，荆楚人文在汉代就显得十分冷落凋零，远无春秋战国时楚文化的风采。

（三）三国两晋南北朝

三国两晋南北朝对于长江流域来说是十分重要的时期。从历史地理学角度来看，这是我国历史上一个十分寒冷的时期，在这种背景下亚洲大陆内陆地区出现游牧民族纷纷南下的浪潮，形成了我国历史上的匈奴、鲜卑、羯、氐、羌"五胡乱华"现象。北方黄河流域社会经济极不稳定，军事征战不断，大量北方移民迁移到南方地区，对于南方地区的经济开发产生了积极的影响，南方地区的社会经济文化有了较大发展，南方地区的人才也多有涌现。

不过，在这样的动荡社会里，玄学盛行，人文的色彩显得避世而消沉。这在山清水秀又相对安寂的长江流域更加明显。

谈到这个时期的文人，我们不能不谈谢灵运和陶渊明。谢灵运，祖籍陈郡阳夏，但世居会稽。刘宋时期，由于政治上不得志，任永嘉太守后，开始留情于山川之间，将自己的情感寄托于风光春色之中。这个时期长江流域出现了另一个隐逸山水的大诗人陶渊明，他几度出仕为官，终难施抱负，难展宏志，于是在 41 岁时，归隐田野，耕读为生，纵情山水之间，游逸于世外桃源。他为我们留下了诗文 130 多篇，许多都是流传千古的绝唱，如《桃花源记》、《归园田居》、《饮酒》等。这首诗的境界更是超然红尘，与自然完全融为一体。陶渊明可能对后代影响最大的还是《桃花源记》和不为五斗米折腰的气节。

在那个动荡的时代，南方地区相对安宁，加上山川秀美，好像人们有更好的心境来思索一些文学现象，既而潜孕出了两部有名的文学理论著作。一是钟嵘的《诗品》，对汉至南朝梁的 122 位诗人作品分成三等进行品评，成为我国第一部诗论著作；二是刘勰的《文心雕龙》，为我国第一部文学评论集，在中国文学批评史上有不可替代的地位。

这个时期出现了王羲之、王献之这样的大书法家，也与南方的风土山水不无关联。据前人研究表明，这个时期南北社会动荡，使长江流域完全融入中原文化一统之中，形成了中国文化的南北心态。王羲之原籍北方琅琊临沂，后籍入南朝，为淮南太守王旷之子，曾官至右军将军、会稽内史。就王羲之的学问而言，自然感到官不到位，因江南山川秀美，衣食丰足，于是便将精力寄情于山水，留心翰墨，这是王羲之的书法艺术能承前启后，深入影响后世的一个重要原因。

三国两晋南北朝以来，由于疆域的分裂，使编写自己区域的历史更容易，分裂的政治背景反而为各国各代编修自己的历史创造了

条件，特别为私修史书创造了空间，促使这个时期史学发达。这个时期的史学人才有两个值得提及，一位是范晔，其创作的中国史学名著《后汉书》列入二十四正史中，影响深远。另一位是东晋蜀郡江原人常璩，其所著的《华阳国志》为我国第一部较为完整的区域历史地理著作，开创了将地理与历史结合的区域历史研究著述体例。

（四）隋唐时期

隋唐时期是中国历史上一个十分温暖湿润的时期，这种温暖湿润的气候背景为唐代文明的发展奠定了物质基础。东亚大陆在这个时期也出现了南北都十分发达的现象，长江流域和黄河流域都走向了相当鼎盛辉煌的时代。唐代成为中国历史上人才辈出的时代，使唐代的中国成为世界文明的一个中心地区。

隋唐时代，长江流域的人才星光灿烂，而且，大量中原籍的文化名人流寓于此。受长江山川风物的感染熏陶，使这些文人得山川之助，造就了自己的诗文，所谓钟灵毓秀也；同时也因自己的诗文使长江更名扬天下，所谓人杰地灵也。

唐代在长江流域繁若星辰的人才中，将自己的命运情感系于长江尤深的文人当属李白、杜甫、白居易、刘禹锡四人。

李白，字太白，号青莲居士，祖籍陇西成纪，生于安西都护府碎叶城（今吉尔吉斯斯坦共和国内）。唐中宗时，年仅5岁的李白迁到四川，其青少年时代均在四川，巴山蜀水深深地感染了他。李白已经将自己看成一位地地道道的巴蜀人。开元十三年（725年），年仅25岁的李白胸怀大志，意气风发，第一次沿长江走出四川盆地。孤舟一过南津关，面对广阔的江汉平原，心胸豁然开朗，令李白发出"山随乎野尽，江入大荒流"的感叹，但仍免不了"仍怜故乡水，万里送行舟"的乡土之情。之后李白到了江陵，深得司马承赏识，以后写下了《大鹏遇稀有鸟赋》，一举成名。以后李白从江陵经岳阳、长沙到零陵，东下金陵、扬州、姑苏，再回江夏到襄阳、安

陆，一时诗名鹊起。到了天宝元年（742 年）李白才被唐玄宗召入京城为官，但其性格放纵，不畏权贵，不久又开始了他的漫游生活，重游江南。后因李璘事件受到牵连，被贬夜郎，溯江而上到三峡才得以获释，后改顺江而下到金陵，晚年投靠当涂族叔李阳冰，直到去世。李白的一生主要是在长江流域度过的，李白人生的境遇无不与长江相关连。

杜甫祖籍襄阳，生于河南巩县，青年时曾游长江下游吴越之地，三十几岁到长安科考，但名落孙山，以后一直在北方谋求发展，但仕途不济，最多也仅是当了一个右卫率府胄曹参军和华州司功参军，游荡四方。近 50 岁时才到西川投靠节度使严武，以后一直在长江流域漂泊，颠沛流离，最后客死耒阳。杜甫最后 10 年都是在长江流域度过的，这 10 年正是

李白和杜甫

杜甫对仕途完全灰心而将自己的情感寄于山川风物的 10 年，也正是杜甫将自己的不幸境遇和对民众疾苦融入长江山川来感怀的 10 年。

唐代宗永泰一年（765 年），严武去世后，杜甫失去了依靠，只有顺流东下，想到长江中下游谋求生活，当杜甫经过嘉州、戎州、渝州、忠州、云安到夔州后，夔州都督赏识杜甫的才华，对他细心照顾，再加上夔州长江两岸的山水风物感染，杜甫得以在夔州住了 3 年。这 3 年，写下了 437 首诗，占其所有诗歌的七分之一，现存杜甫诗歌的三分之一。可以说三峡夔州造就了半个杜甫，而杜甫也使三峡的人文和自然声名更振。

白居易，字乐天，祖籍太原，后迁居下邽（今陕西渭南东北）。与杜甫和李白相比，白居易的仕途显然平坦一些。早年中进士，曾任秘书省校郎、左拾遗及赞善大夫，因直言相谏得罪权贵，被贬为江州司马，后任忠州刺史、杭州刺史、苏州刺史，一度任刑部尚书。从被贬为江州司马开始，白居易就主要生活在长江流域，这个时期正好是白居易从壮年到晚年的时期，也是白居易诗歌创作的丰盛时期。长江流域的山川风物感染了他，并在很大程度上成就了白居易的诗文名气。再迁忠州刺史，虽然官品上升，但是忠州在唐代为蛮荒之地，白居易的内心仍是十分痛苦的。赴忠州途中发出了"君还秦地辞炎徼，我向忠州出瘴烟"的感叹。走到瞿塘峡，则又感叹"欲识愁多少，高于滟滪堆"。到了忠州为官一年多，白居易多有建树，也深深爱上了忠州这块土地。与李白、杜甫相比，白居易更有长江情结。但相对而言，虽然白居易仕途也不顺，但仍比李、杜少一些坎坷，多一些失落文人的闲情逸致，时时宴朋会友，不断种花、种柳，品评荔枝，常常舞女相伴，饮酒度日。

刘禹锡，字梦得，早年中进士，以后仕途一度十分顺利，官至监察御史。后因参与王叔文的政治改革失败，被贬为郎州司马，始有了自己的长江情结。后召回京城，又因言祸被贬连州刺史，再迁夔州刺史，与长江有了更深的情结。他任夔州刺史时，对三峡一带的民歌十分感兴趣，将流行于三峡一带的"竹枝词"加以整理加工，将其推广，对中国民间文化的发展起了十分大的作用。唐以后竹枝词东出长江中下游，流布全国，走出海外，刘禹锡功不可没。其《竹枝词九首》对长江的风光民情作了十分详细的记载。

陈子昂，字伯玉，梓州射洪人（今四川射洪县），是真正地地道道的四川籍诗人。21岁前，陈子昂都在四川度过，四川的风土人情深深地感染了他。21岁时他才离开巴山蜀水到长安读书，23岁时举进士，一路仕进，官至右拾遗。在为官期间，陈子昂关心时事，特别是对家乡充满关爱，经常为家乡之事上书皇帝。唐圣历元年（698

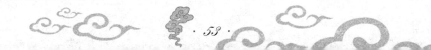

年）陈子昂以父亲年老多病为由辞官回家，归隐乡里四年，以采药为生，但不久遭乡宦陷害，冤死故里狱中，年仅42岁。陈子昂的人生两端都是在长江上游的巴蜀度过的，出入四川也经过长江中游，为我们留下一些关于长江的诗歌，如《白帝城怀古》、《渡荆门望楚》。但就陈子昂人生境遇来看，巴山蜀水养育了他，但他的人生波涛多在中国北方，留给我们的千古绝句也深藏着北方文化，这是长江儿女为中国文化作出的贡献。

唐代长江流域的文化人自然不止这些，千里长江还养育了张若虚、权德舆、陆德明、李善、戴叔伦、陆龟蒙、张籍、孟郊、褚遂良、罗邺、贺知章、杜光庭、骆宾王、杜荀鹤、郑谷、许敬宗、罗隐、孟浩然、杜易简、张柬之、皮日休、陆羽、戎昱、段式成、岑参、欧阳询、孙光宪、花蕊夫人等很有影响的文化名人，而流寓长江的杜甫、李白、白居易、刘禹锡、张祜、高适、薛涛、元稹、李商隐、李频、窦巩、王昌龄、张九龄、王勃、杜牧、司空曙、张说等人，受长江上游的风光人文的玉汝更使他们名声在外，此所谓"钟灵毓秀"。而这些文化人的感染和咏唱，更使长江风采依依，名气外扬，所谓"人杰地灵"。

（五）宋代

五代以来，长江流域的地位发生了较大的变化，北方游牧民族的南下威胁北方黄河流域，使长江流域的政治经济文化地位都非前代可比。宋代的文化对于唐代，已经没有唐代文学强盛的声名，但宋代文化的综合性远比唐代强，文化发展更全面，在文学、艺术、科学、技术等方面都有较大建树，每个领域都有较多的人才涌现。

以文学而论，宋代诗、词、散文都十分辉煌，对后世的影响十分深刻。长江流域的欧阳修、王安石、苏轼、苏舜钦、黄庭坚、陆游、杨万里、范成大、姜夔、柳永等诗文声誉卓著，风流南北，而北方人辛弃疾、李清照等后半生也在南方生活，影响着长江。

宋代在绘画艺术上与唐代相比并没有突出的地位，但由于长江流域社会经济的发展，使以江南山水为背景的山水画自成一体，成为绘画艺术史上重要的流派，产生了董源、巨然、米芾、李唐、刘松年、马远、夏圭等著名的山水画家。

宋代在文学上没有唐代的辉煌，但以儒学为根基，融合儒、佛、道诸思想形成的理学，对后世影响较大，而理学的产生、发展与长江流域关系密切。理学的开山之祖一般认为是周敦颐，他本是湖南营道人，主要生活在江西一带，因居濂溪书堂，世称濂溪先生。其《太极图说》和《易通》为代表作，提出"圣人定之以中正仁义而主静"的思想，成为理学发展的核心。宋代理学的集大成者是朱熹。朱熹为徽州婺源人，长期居于建州一带，故其学术有"闽学"之称。朱熹融会宋代理学诸家学术，将"理"作为学术的最高境界，在认识论上提出"格物致知"等理论，提出"以理节欲"的思想，被后世视为儒家的正统思想。

丝织业的技术发展，棉纺技术提高，出现了黄道婆这样的纺织科学家。黄道婆出生于南宋淳柘年（1241～1252年），松江府乌泥泾，早年送给人家当童养媳，后逃到海南崖州，向据有先进棉纺技术的黎族人民学习纺织技术。20多年后带上踏车、椎弓等北归故里，运用轧车（搅车）去棉籽来替代手工，将小弓改成大弓，用粗弦代替细弦，用椎子弹弦，特别是创造了三锭脚踏式棉纺车来代替单式手摇纺车，在江南地区广泛推广，成为世界最先进的纺织工具。

雕版印刷术发展到传统社会的高峰后，活字印刷术出现，诞生了毕昇这样的印刷科学家。毕昇是杭州的一位平民发明家，他有感雕版印刷的落后，改用木头制成活字，但沾水后会膨胀变形，后来才改用胶泥来制成活字，可重复使用，形成了近代印刷术中的制字、排版、印刷、撤版的印刷工序。不过，由于胶泥制作麻烦，成本较高，长期以来，活字印刷技术并没有在中国广泛推广。

在数学上出现了普州安岳人秦九韶，早年随父为官，得以阅览皇室图书，经过不断学习，完成《数书九章》，其创造的"大衍求一术"和高次方程的数值解法是对世界数学史的重要贡献，比西方学者早 500 多年。

在医药学上出现了南宋宋慈收集前人关于法医的成就，著成《洗冤集录》5 卷，成为世界上最早的一部法医学著作。

在天文学上出现了张思训、黄裳等天文学家。同时在数学、天文学、物理学、地质学、化

创制活字版的发明家毕昇

学等诸多学科出现了有贡献的大科学家沈括，随父亲周游各地，得以广博见识，加上刻苦钻研，撰成《梦溪笔谈》一书，成为中国科学技术史上一部罕见的学术著作。这些科学家许多都是出生在长江或以长江为创造背景的，可以说宋代长江流域为世界科技文明作出了巨大的贡献。

（六）明代

在历史的长河中，元朝是一个十分短暂的王朝，由北方蒙古入主中原建立统一王朝，中国南北社会经济都有了发展，长江流域在南宋的显赫地位一度相对不明显，但中国社会经济文化东移南迁的大势不可逆转。很快而来的大明王朝，使长江流域的社会经济文化地位又显现出来。

明朝的农业经济进一步发展，土地利用进一步深化。长江流域的社会经济发展十分快，特别是长江中下游的社会经济地位越来越重要。西方国家已经开始触及中国国土，而中国出现郑和下西洋的壮举，中国对世界的认识比以前有所提高。东南沿海，特别是长江

下游地区的手工业分工更细，商品经济发展较快，出现了最早的资本主义萌芽。在这样的背景下，一方面中国文化显现出更开放和务实的传统，早期启蒙思想出现，经世致用思想发展，科学技术的发展明显。同时中国专制主义集权越来越明显，传统儒学进一步深入社会，科举制度越来越严格，唐宋时繁盛文学气象不复存在，文化地位下降，八股文、文字狱越演越烈，海禁制约人们的眼界。传统与现代两种文化的碰撞开始越来越明显。

在这种背景下，由于长江流域正是两种文化碰撞核心区所在，故显现出的活力更加明显，不论传统的科举人才，还是社会的实用人才，都领导着中国文化的发展潮流。

从科举人才的地域分布来看，长江流域的地位已经不可动摇。明代进士数居前三位的分别是浙江、江苏、江西，安徽居第 10 位，湖北居第 12 位，湖南居第 14 位，四川居第 13 位，科举人才的分布与社会经济发展所呈现出的东强西弱的趋势相对应。

从明代人才发展史来看，科技人才的显赫地位已经取代了唐代文学人才的地位，而这些人才中最有影响的多是长江流域养育的。例如徐光启、宋应星、李时珍、徐霞客等。

徐光启，字子先，明后期上海人，曾为礼部尚书、文渊阁大学士等，致力于经世致用之学，以达到富国强兵的目的，但实际上主要是在科学技术上有突出的贡献，撰写了《农政全书》，与利玛窦合译了《几何原本》，主持编撰了《崇祯历书》。其《农政全书》为中国农学史上一部集大成的著作，总结征引了大量前人农学方面的著述，特别是在水利、荒政方面有许多新的见解，在甘薯种植、水稻种植方面还有许多亲历知识。

宋应星，字长庚，江西南昌府人，曾出任教谕、推官、知州等官职，所撰的《天工开物》是记录我国明代科学技术发展的百科全书性质的科学巨著。其书分成上中下三卷，合计 18 卷，详细记载了明代农业和手工业在技术和操作过程各方面，涉及谷物种植和加工、

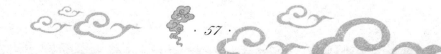

养蚕缫丝、纺织染色、制盐、制糖、制陶、制油、采矿冶炼、铸造锤锻、车船和武器制造、纸墨制造、酿造、珠玉宝石等，并配有许多图解，为我国古代重要的科学技术全书性质的著作。

李时珍，字东璧，湖北蕲州人。李时珍出生于医学世家，因科举不中，开始继承祖业学医行医，通过行医实践，与理论结合，经过30多年的努力，撰写出《本草纲目》，成为中国医药史上重要的著作。《本草纲目》一书190余万字，收入药物1892种，附有药图1160幅，附方11096个，采用的"从贱至贵"的分类法是当时最先进的分类法，将中国医药学推向了一个新的高峰。

徐霞客，名宏祖，江苏江阴人，早年放弃科举考试，游历祖国山川三年余，将沿途所见所得撰成《徐霞客游记》一书，成为中国地学史上一部十分重要的旅游学著作。《徐霞客游记》不仅对沿途风物风情做了大量记载，更重要的是他对自然界的观察分析，对中国地学发展起了重要推动作用。如提出长江"计其吐纳，江倍于河"，明确认为长江流域可能远比黄河流域大。徐霞客对石灰岩地貌作了十分深入的考察，不仅对其进行描述，而且提出是由于流水溶蚀、侵蚀和崩塌共同作用形成的机理。他在《江源考》文中还继明代章潢后再次发现金沙江为长江源河，否定了传统的"岷山导江"之说。

明代在科学技术发展的同时，传统与现代两种文化的碰撞，使社会动荡激化，出现一些极力维护传统思想的人才，如王守仁等。同时知识分子在这种变化多端的时代对传统的文化产生了疑问，提出了挑战。明清之交，中国产生了一些启蒙思想家，明清之际，出现了四大家，主要是含有"经世致用"思想的民主进步思想家，即黄宗羲、方以智、顾炎武、王夫之。这四位思想家都是长江流域的学者。

王守仁，浙江余姚人，称阳明先生，力倡"心学"，认为"心外无物"，强调"知行合一"、"致良知"，是明代一位唯心主义的哲学家，但在伦理道德和认识论上却有一些积极意义。其力主"心学"

主要是宋元理学在明代受到严重冲击的处境下，力图挽回衰世，重振理学以维护统治思想。

黄宗羲，学者多称梨洲先生，命运多舛，但勤于学问，著述丰厚。明清之际黄宗羲留心于政治运动，但回天无力，遂潜心于著述。其著述中以《明夷待访录》最有影响，主体思想是反对封建专制主义，特别是反对君主统治的最高权威，认为君主是"独夫"；在哲学思想上认为"气"为事物本源，是"理"的根本所在，有着唯物主义的色彩；在现实思想上主张经世致用，要求学者的研究要与"人伦日用"相关，提出"工商皆本"的思想。这种思想在明清之际的传统社会里是十分振荡人心且需要胆识的。

方以智，安徽桐城人，字密之，出生于士大夫之家，早年在南京、桐城、江浙一带活动，去过北京，后辗转到广州，往返于桐城、南京之间，经历了一个从显贵到流离失所的人生过程。在其一生中，著述丰厚，其中《物理小识》在科学史上特别是在光学实验方面有重要地位。

顾炎武，江苏昆山人，世称亭林先生，是明清之际经世致用的理论倡导者和实践者。顾炎武虽出生望族，但一生坎坷，乡试不举，一生在著述思考与政治救国之中飘摇，南北奔波。其著述众多，尤以《天下郡国利病书》、《日知录》、《肇域志》最有影响。顾炎武经世致用的思想比王夫之更明显，善于总结一些有关国计民生的经验，也更加注重实践。提出了"明道"以"救世"的思想，主张探求"国家治乱之源"，寻求"生民根本之计"，并将矛头直指专制统治。提出要以"众治"取代"独治"，致用要讲求"利民富世"。为了实现这一切，需要社会形成一种"天下兴亡，匹夫有责"的意识。这些思想体现学者强烈的社会责任感。

王夫之，号船山先生，是明清之际的一位启蒙思想家。王夫之早年科举屡屡不中，只求得一个举人。晚年潜心著述，达100多种，重要的有《张子正蒙注》、《周易外传》、《思问录》等。在思想上王

夫之前承黄宗羲的"气"为万物本源的思想，强调"气"为基础，为"理"的依靠，并将"精神"与"物质"比喻为"道"与"器"的关系，两者互为表里。同时提出"知行统一"的认识论，认为只有通过实践"行"才能达到"知"，主张事物运动是永恒的，而"静"则是相对的。对于传统理学提出的"存天理，灭人欲"思想，提出了"天理"与"人欲"是统一的，所谓"理在欲中"。

前面我们谈到在科学技术上有突出贡献的方以智，在哲学上也有突出的贡献，故与黄宗羲、顾炎武、王夫之并称为明清之交的四大启蒙思想家。他的主要思想是在哲学上对事物对立统一作了分析，认为事物存在"相反相因"规律和"二合而一"的对立统一，强调事物的主次关系和互相转换，将科学研究的辩证思想与哲学上的辩证思想融汇在一起，具有明显的自然辩证法的光辉。

除了这四位以外，长江流域还有浙江的朱之谕、陈确，四川的唐甄、费密等思想家，主张反对专制主义，强调经世致用和工商皆本，主张男女平等。

在这种科学技术和启蒙思想与传统文化的碰撞中，明代文学的地位已远没有唐宋王朝时期的显赫，但明代长江流域的文学在全国的地位却是前面所有王朝都难以企及的。

明代在长江流域的著名文学家、戏曲家和书画家，几乎都是出生在长江下游，或主要生活在长江下游。

文学家不可谓不多，散文方面宋濂、方孝孺、李东阳、王世贞、唐寅、文徵明、归有光、杨慎、袁宏道、钟惺等都有杰作，诗词方面刘基、杨基、高启、李东阳、文徵明、唐寅、徐渭、袁宏道、高攀龙、钟惺、谭元春、杨慎、王世贞、汤显祖、陈子龙、夏完淳也有杰作。但在更多文化体裁的冲击下，加上思想感悟上与自然结合的淡化，明代的诗歌里很难有唐宋时期那样千古绝唱的诗句流传民间，垂之后代。

《三国演义》的作者罗贯中是浙江钱塘人，《水浒传》的作者施

耐庵是江苏兴化人，《西游记》的作者吴承恩是江苏淮安山阳人，《儒林外史》的作者吴敬梓是安徽全椒人，"三言"的作者冯梦龙是江苏常州人，"二拍"的作者凌濛初为浙江乌程人。同时，长江流域成为中国戏曲的中心地带，江西弋阳腔、浙江余姚腔、浙江海盐腔、江苏昆山腔兴起，出现了汤显祖、沈璟等戏曲家。特别是江南地区成为中国书画家的故乡，出现了戴进、沈周、文徵明、吴伟、董其昌、唐寅、周臣、仇英、徐渭、周之冕、陈洪绶等画家，而宋璲、宋克、沈度、李东阳、祝允明、文徵明、邢侗、董其昌等在书法上也多有建树。

（七）清代

清代立国以后，由于特殊的政治和文化背景冲突，使清代文化政策相对明代更加苛严，利用文字狱大力镇压有思想的文化人，强化科举制度，组织大规模的历史文献整理，宣传儒家文化与理学的正统地位。虽然科举人才辈出，文献整理成就巨大，但科学技术创新没有动力，思想和文学缺乏应有的活力，使清代中前期的文化失去了明时的生气。不过，随着长江流域社会经济的发展积累，仍然不断给文化开拓发展的空间，中国人在长江上仍然在不断努力营造着，取得了一些前人没有的成果，出现了一批独领风骚的人才。不过，随着中国社会经济文化东移南迁格局的进一步强化，长江流域人才分布的东强西弱"梯度文明"越来越明显。

在科学技术方面，在清代前期并无大的突破，但在西方科技文化的影响下，出现了一批介绍近代西方科技文化的人才。如在天文历法方面，王锡阐、梅文鼎、梅瑴成、王贞仪都是融合中西历法而有所创造，而梅文鼎、梅瑴成在数学方面也主要是讨论西学并加以介绍，孙云球、黄履庄在光学方面都有理论和实践。徐光启五世孙徐朝俊和黄履庄等在机械上也有实践和总结，其他在建筑学、医学、语言学、绘画学方面也有融合西方的人才。

在哲学思想方面确实出现了一些启蒙主义思想家，如惠栋、戴震、汪中、阮元、龚自珍等，都有反对理学传统和提倡经世致用的思想。在文学方面出现了钱谦益、吴伟业、查慎行、沈德潜、郑燮、张问陶、黄景仁、袁枚、历鹗等，他们是在诗歌方面有贡献的学者，但清诗庞杂不精，少有脍炙人口的佳作传世。在散文方面，方苞、刘大槐、姚鼐等创立"桐城派"，恽敬等形成"阳湖派"。虽然明末清初出现了大量小说，但就整个清代前期来看，较有影响的小说并不是太多。相对而言，随着戏剧的发展，出现了一批较有影响的戏剧理论家，如李玉、李渔、洪昇等人。

总的来看，清代真正在人才上较有影响的还是在考据学与绘画方面。

在考据学方面，赵翼《廿二史札记》，王鸣盛《十七史考商榷》，钱大昕《廿二史考异》，戴震《声韵考》、《声类表》、《考工记图》，王念孙《广雅疏证》，段玉裁《说文解字注》，赵一清《水经注释》的影响很大，其他如洪亮吉、江永、王引之、毕沅的著述也有一定的影响。这些考据学家大多生活在长江流域。考据学的发展，对中国传统文化的整理有积极作用，但这种作用是以牺牲整个文化的活力和文化的致用功能为代价，这是我们应该清醒看到的。

在绘画方面，清初长江流域出现了"清初六大家"，即王时敏、王鉴、王翚、王原祁、吴历、恽格。在清代的经济与文化背景下，画坛相对超然于时政，故更自然开放，出现了一批风格独特的画家，如清初的朱耷（八大山人）、石涛（清湘老人），后来扬州出现了"扬州八怪"，即郑燮（郑板桥）、汪士慎、黄慎、高翔、金农、李蝉、李方膺、罗聘，而在南京还出现了"金陵八家"的龚贤、樊圻、高岑、邹喆、吴宏、叶欣、胡慥、谢荪。其他在长江中上游也还有些有影响的画家，他们多有建树，如四川的龚人融、龚有晖兄弟，先著、卓秉恬等，但其影响力和群体势力远不如江南地区画坛影响深刻。清代这些一流的画家云集江南地区，很有唐代四川画坛独有的风范，这是清代前期文化衰败暗淡中的一个亮点。

（八）近现代

鸦片战争以后，西方文化对中国的影响加快，外国资本主义势力对中国东南沿海的政治经济文化侵略越来越深入，其中一个重要的侵略路线就是沿着长江而上。这使长江流域在中国更加深刻地受西方现代文化的影响，使长江流域的近代人才更加领导中国潮流，长江流域成为中国政治、经济、军事和文化的主体舞台。

在政治军事上，长江流域一大批政治军事家在近代中国政治舞台上叱咤风云，走在中国政治革命的前沿。不过，近代中国长江下游虽然染近代文化之先，但作为风花雪月之地的江南，更多成为士农工商的舞台，近代政治军事风云人物更多出现在长江中上游地区。

长江中游的湖湘之地，近代在农业文明发展的基础上，思想文化一度活跃万分。早在嘉道时期，湖南人贺长龄、陶澍、李星沅等就走出湖南，倡导致用之学，主张变革。湖南人魏源的《海国图志》不仅系统介绍了西方各国的政治、经济、文化，而且结合当时中国的危难境况，提出了一些震撼人心的思考，对中国传统文化务实功能的缺乏提出了批评，面对落后的中国提出"师夷之长技以制夷"的思想，影响深远。有的学者认为这种思想对日本明治维新也有较大的影响，故近代中国许多政治改革家都十分崇敬魏源。在魏源后不久，湖南人郭嵩焘更是提出仅仅师夷之长技以制夷是不够的，更重要的是要进行一场政治、经济、文化的全面改革才能摆脱中国落后的局面。有这样的文化背景，使湖南在近代教育、近代工商业、社会风尚等方面在长江流域十分超前。

古代的湖广人在文化上多有建树，荆楚文化曾经可与中原对峙抗衡，但在政治军事上荆楚地区并没有十分引人注目的人物和风云一时的时期。但在近代一方面紧邻江南，受近代文化的影响较大，一方面受中上游地区落后闭塞的影响，因此湖南人骁勇善战的同时

不拘一格改变时故的意识，使湖南人领导中国政治潮流的意识开始明显。

近代湖南人在政治军事上的发轫始于曾国藩的湘军。在晚清政府政治军事十分危急之时，湘军依靠曾国藩的力量，使岌岌可危的清政府得以苟延残喘，出现了曾国藩、左宗棠、李鸿章、胡翼林、彭玉麟、郭嵩焘等风云中国的政治军事人物。19世纪末的维新变法运动，湖南更是成为变法的一个核心地区，出现了陈宝箴、黄遵宪、江标、徐仁铸、谭嗣同、唐才常、陈天华等风云人物，出现了南学会、时务学堂等维新变法政治会团。"我自横刀向天笑"的谭嗣同和蹈海身亡的陈天华成为近代改革杰出人物的代表。

从这以后，湖南人前赴后继，黄兴、蔡锷、宋教仁、焦达峰等英雄志士成为反封建传统的精英。在近代共产主义运动中，湖南人更是一马当先，李立三、毛泽东、刘少奇、彭德怀、贺龙、罗荣桓、蔡和森、林伯渠、李富春、邓中夏、何叔衡、陶铸、胡耀邦、左权、向警予、黄克诚、陈赓、肖劲光、徐光达、王震等成为中流砥柱。

紧邻湖南的湖北同样为楚文化的地区，近代的发展与湖南有相似之处，出现了董必武、陈潭秋、林彪等政治军事人才，据统计湖北红安县出现了221位将军，成为有名的将军县。

这个时期长江上游的重庆和万州等地开埠后，一方面受近代西方现代文化的影响，一方面又受长江流域社会经济最落后的影响，两种状况形成的反差激发了一大批人士走向社会革命的道路，探索家乡走向文明的道路，使长江上游成为紧次于湖南的另一个革命地区，一改元明清以来长江上游地位消沉和影响乏力之状。在近代史上，邹容、杨锐、宋育仁、彭家珍、张澜、吴玉章、刘光第、蒲殿俊、尹昌衡等风云政治舞台。在近代共产主义革命史上，朱德、刘伯承、邓小平、聂荣臻、陈毅、张爱萍等也更是叱咤风云，影响了中国革命的进程。

可以说在中国近代史上，长江中上游的仁人志士一直在领导着

中国政治发展的方向，左右着中国发展的大势。从保路运动到武昌起义，从秋收起义到遵义会议，无不是触动着中国社会历史发展进程的关键。很有意思的是，康乾以来辣椒传进长江中上游，使其成为中国食辣最重的地区。也正是在这个时期以后的近代，"辣"出了长江上游一大批政治军事风云人物。在我们看来，长江中上游地区的社会经济落后与近代外来先进文化的强烈反差才是长江中上游政治军事人物领导中国近代革命之先的根本原因。

近代长江下游的江南地区人才则是以另外一种文化氛围显现的。在现代西方文化教育的强烈冲击下，长江下游虽然也出了一些政治军事方面的英才，但更多的继承宋明以来"江南人文薮"的风范，受西方现代文化的影响，形成了海派文化，位于中国近代社会经济文化的前沿，形成一个近代最集中的文化人才群体。

这些海派文化人中有以天算闻名于世的海宁人李善兰，成为我国近代数学的重要发轫者；无锡人徐寿在近代物理化学和博物方面成就突出；无锡人华蘅芳对于西方数学、机械、地质等都十分了解；吴县人冯桂芬则精于历算几何之学；中国近代史第一个留学生容闳、医师黄胜等也是西学的倡导者和学习者。上海人马建忠则建言学习西方不仅仅要学习先进的技术，更重要的是要学习西方的政治制度和商业传统。在这样的传统背景下，上海出现了李平书、王一亭、孙多森、夏粹芳、郁怀智、叶澄衷、朱葆敬、马相伯、荣宗敬等一批近代企业家，也出现了张謇、史量才、姚文楠、马相伯、李登辉、黄炎培等一批新文明的传播者，出现了李伯元、吴趼人、曾朴、刘鹗、张春帆、徐枕亚、李定夷、郑正秋、吴昌硕、赵之谦、任颐等新式文化人，出现了《官场现形记》、《二十年目睹之怪现状》、《老残游记》、《孽海花》等近代名著。一时间，在以上海为核心区的江南地区，各种新式学校、工厂、现代新闻媒介和出版团体、现代西画社团不断亮相，而各种图书馆、博物馆、现代戏院等公共设施如雨后春笋，也出现在中国这块古老的土地上。同时，在生活方面，上海在饮食、服饰、娱乐等方面开始步西方文明后尘，亦步亦趋，走在中国时髦生活前沿。在文化上以情爱为核心的鸳鸯蝴蝶派小说风行一时，大量西方文化作品被翻译过来，出现了林纾、周桂笙、徐念慈等翻译家和推行近代西式音乐的沈心工、李叔同等文化人。同时，传统的中国学术和艺术也不断发展，历史学的海宁王国维、上虞罗振玉对中国传统历史学的近代化影响重大，浙江清德人俞樾、他的弟子章太炎等的经学也影响其大。近代长江下游出现的政治军事人才影响不多，但安徽人李鸿章对于近代中国现代化有重要影响，而周恩来以其文雅的政治风范在近代中国政治舞台上起了重要的作用。

总的来看，近代长江流域人才辈出，领导中国政治军事经济文化发展走势。长江呈现出长江中上游政治军事人才突出，下游经济文化人才耀眼的特色。从这种人才空间分布来看，"吴越出相，楚蜀出将"，好似古代"山东出相，山西出将"的特色一样明显。

四 城市风情

（一）成都

　　长江流域的社会经济发展在唐宋之前总体上落后于黄河流域，城市的发展也是如此。相比之下，长江流域的成都平原由于受距离递增（减）速度规律影响，更早受到中原关中文化的影响，成为当时全国五大商业都市之一，是早期长江流域较为适宜人类生活的城市，城市经济十分发达。

　　远在 3000 多年前，成都地区就有原始部落聚居。成都地区的"巴蜀文化"可追溯到 3700 年前的殷商时期；其建城史迄今已有 2300 多年。周末，成都为蜀国辖地。据《太平寰宇记》所载，公元前 4 世纪蜀王开明第九世从郫县迁成都时，曾大兴土木，建城筑楼，"一年成邑，两年成都，因名之曰成都"；成都之名由此而来，并沿用至今。公元前 316 年秦灭蜀国，秦惠文王派张仪、司马错入川，并巴、蜀，改蜀国为蜀郡。今成都之东、西城区，即当时蜀郡所属县城之一。

　　秦时，成都为西南地区政治经济中心，设有盐铁市官和工官。秦孝文王时（前 250 年），李冰为蜀守，修都江堰水利工程，"水旱从人，不知饥馑，时无荒年，天下谓之天府也"。西汉时，成都作为益州郡治，时为织锦和造车手工业集中地，成为全国丝织业中心和著名的盐铁贸易之地、西南地区最大的商业中心和最早的茶叶市场之一。东汉后期，成都的住户有 76000 家之多，成为当时仅次于长安的我国第二大城市（与洛阳、邯郸、临淄、宛并称"五大都会"）。王莽末年，公孙述据成都称帝，号"大成国"，成都第一次

成为封建帝王地方性国都。

三国时，刘备建都于成都，史称蜀汉，历时 42 年；由于蜀锦发达，当时专门设"锦官"管理织锦作坊，并建"锦官城"容纳手工纺织作坊和管理机构。所以，以后成都遂有"锦官城"和"锦城"之称，流经城南的府河也称为"锦江"。西晋时，成都属益州；西晋末，十六国成汉李特、李雄、李寿据成都称帝，成都为成汉国都。东晋至南北朝，仍为益州郡治。东晋末年，谯纵自称成都王；南北朝梁武陵王萧纪亦曾称帝于成都。隋时，改益州为蜀郡，郡治在成都；隋末，萧铣据成都称梁王。唐初复置益州，后改州为郡。唐至德年间升蜀郡为成都府；安史之乱，唐肃宗至德二年（757 年）唐玄宗避难入川，成都曾为唐行都，号称"南京"，亦为剑南节度使治所。唐末，王建据四川称蜀帝共 34 年，史称五代前蜀；五代孟知祥继前蜀称帝共 31 年，史称五代后蜀，成都均为国都。

后蜀后主孟昶命人在土筑城垣上遍栽木芙蓉，每到中秋，芙蓉花开，给成都添上鲜艳的花环，故成都又名"芙蓉城"或"蓉城"。

北宋时，成都属益州，后为剑南西川节度。北宋末年，农民起义军领袖王小波、李顺在成都建立"大蜀"政权，自称"大蜀王"。自唐至宋，成都纺织、造纸业兴盛，造纸制笔手工艺誉满全国，成为中国五大印书中心之一。南宋初年，北方人口大量入川，成都人口急增，曾达 16 万户，时谓"扬一益二"，即成都是当时仅次于扬州的第二大经济都会，以繁华富丽名满全国。元代建署四川行中书省，成都为自治地，共辖 9 路，成都路居首。明初，成都为四川省治，朱元璋封其子朱椿为蜀王，王府在成都。明末，张献忠的大西国农民起义政权在此建都，称"西京"。清以后，成都一直为四川省会。1928 年，成都改为四川省直辖市。1950 年为川西行署驻地；1953 年恢复四川省，成都一直为四川省省会。

"大城"、"皇城"和"少城"三种格局的道路系统是成都古城风貌的一大特色。历史上的成都城时有兴废扩建，但城址基本上无大迁动。最早的城垣为秦秋末期的蜀王城，大致以今天的文殊院一带为中心。秦灭蜀后，于秦武王元年（公元前310年）由张仪和张若筑成都大城，后又在大城西筑少城；整个成都城呈龟城形态，周长12市里，高7丈，由太城与少城组成。秦庄襄王时（公元前249~前247年），李冰穿郫江、流江，双流城南，基本形成"双城双江"局面。隋时，成都少城向南扩展，筑新城周长10里；唐僖宗乾符二年（875年），西川节度使高骈在秦城外扩建罗城，周围25里，设街坊120条，形成现在的府河、南河"三江抱城"的格局。明代筑砖石城墙，建蜀王宫城，俗称皇城，其规模宏大，富丽堂皇；明末毁于兵火。清康熙年间三次重修城垣，周长22里，高10米，形成正南北的皇城、与皇城成30度偏角的大城以及呈鱼骨状街道的少城等三个各具特色的街道系统。

　　成都的文物古迹更是有史可追，例如王建墓、武侯祠、宝光寺、青羊宫等。王建墓位于成都市西门外的三洞桥街，为五代前蜀皇帝王建的陵墓，史称永陵，建于前蜀光天元年（918年）。武侯祠位于成都南郊，初建于西晋末年，到唐时已成为古迹名胜，它是君（刘备）臣（诸葛亮）合祀的庙宇，所以庄重严肃的要求很高，而又君臣有别、上下有别、忠奸有别、肖与不肖有别（不肖的刘禅没有进入庙祀）。按照这些封建观念，祠宇的规划布局很有分寸。宝光寺位于成都市新都县，是四川佛教名刹之一，与成都北的昭觉寺、西南郊的草堂寺并称成都三大伽蓝，同时与成都的文殊院、镇江的金山寺、浙江天台的高明寺合称中国南方的"四大丛林"；寺内的罗汉堂与北京西山碧云寺、武汉归元寺、苏州西园寺的罗汉堂齐名，号称"四大罗汉堂"，而宝光寺的罗汉更以造型奇特、雕塑精细见长，是四川省文物保护单位。青羊宫位于成都市通惠门外，它是与老子有关的宫观，又传老子曾于此间化生，并度尹喜成仙，所以青羊宫一直是道教驰名的宫观。唐玄宗时，此间曾是剑南节度使鲜于仲通的府第，后改为道观，现为成都市郊游览胜地。

川菜、川酒、美女、小麻将、农家乐、奥拓车、茶馆七项曾经的全能构成了成都这座悠闲的城市风景。今天，成都的饮食和娱乐业红火，农家乐规模日益扩大，每年一度的龙泉山桃花节仿佛是花的海洋、麻将的海洋、私车的海洋，一个有着 2000 年悠久历史的休闲游乐成都风情依然，是一个让人充满回忆、不乏激情同时又享受人生，来了就不想走的城市。

（二）重庆

重庆历史悠久，人类活动遗存可追溯到 2 万年前旧石器时代的铜梁文化，距市区不远的渡口区马王场即有大量旧石器出土。新石器时代，重庆人口有大的增加，在河岸阶地上形成许多聚落；考古发现，长江、嘉陵江重庆河段沿岸有新石器文化遗址和采集点 50 余处，收集新石器标本 800 余件，多为渔猎工具和农耕器具，表明当时的居民是以农耕兼渔猎为生。

春秋末期，原活动在江汉之间的巴人，受楚国威逼，迁入今四川东部。首领巴子"都江州，或治垫江，或治平都，后治阆中"。江州，即今重庆，为当时古巴子（巴国）都城。秦惠文王更元五年（前 316

重庆风光

年），秦灭巴、蜀，以巴国之地建巴郡，治所在江州。张仪在巴子古城基础上，扩建、补筑江州城，城市规模得以扩大，约包括现在的大梁子、小梁子、小什字一带，即嘉陵江与长江汇口的山嘴部分。汉时，巴郡属益州，因其城靠近长江，便改为"江州"，当时的经济有较大发展。

重庆城市的地位进一步上升是在明清时期。据统计，明代重庆府每县每年征田粮 13779 余石，而成都府每县征 5088 石，川东地区已成为四川的粮食生产基地。在这种情形下，成渝陆路干道开通，水路上则是"来往舟如织"。清代重庆城市继续发展。在康熙年间，重庆城内有 29 坊，城外有 15 厢，后来江北厅又有 6 厢。研究表明重庆城市人口中从事商业的人口达 60% 以上。道光时期，重庆府城 12 里 6 分，有常住人口 65286 人，成为长江上游以转口贸易为主的商业城市。清代中前期，重庆是川米出口的大码头，每年沿江而下的大米达 150 万石左右，出口的生丝、桐油、药材、夏布、山货多在此集散转运，进口的布帛、原棉、手工业制品也由此贩往四川各地。

1911 年 11 月 23 日，同盟会在重庆建立四川第一个省级革命政府——蜀军政府，蜀军政府时期，重庆府曾统川东 57 州、县。1927年，重庆成立市政厅，范围仅原府治旧城，后逐渐扩大。1929 年，重庆正式成为省辖市，市区扩展至长江南岸及嘉陵江北岸，初步形成现代城市规模。1935 年，省政府曾一度迁谕。1937 年抗日战争爆发，国民政府迁谕，改重庆为陪都，政府机关、工厂、学校、商店纷纷迁来，重庆人口激增，城市规模再度扩大。抗战期间，以周恩来为首的中共中央南方局、八路军重庆办事处移驻红岩村，领导大后方人民坚持团结抗战，各民主党派及抗战团体也纷纷在重庆成立。1949 年 11 月 30 日，重庆解放，成为西南军政机关所在地，仍为中央直辖市；1954 年改为省辖市。1997 年 3 月，重庆又升为中央直辖市，增辖万县、涪陵二市和黔江地区所属的 17 个县市，总面积为8.2 万平方千米（市区 1534 平方千米），人口 3000 万（市区 306.4万）。

新中国成立以后，由于四川建省会于成都，重庆降为省辖市，一度影响了重庆城市的政治经济文化地位，重庆城市娱乐和饮食业

地位下降。重庆是作为一个快节奏的工业城市出现的，后来却向一个死气沉沉的老工业基地城市演变。直到重庆直辖以后，重庆的城市地位再次提升，城市经济文化发展较快，饮食和娱乐业发展迅猛，重庆开始走向一个以近代工业与现代饮食娱乐业为主的新城市，近代开埠以后形成的大重庆开始重新显现。南滨路的饮食繁荣与万里长江边的现代高密度高层建筑的"小香港"有机结合，随后的北滨路、嘉滨路开发，将重庆的饮食文化建立在一个新的景观背景之下。一方面是重庆火锅连锁在全国的迅猛发展，一方面是各种江湖菜的冲击、扩张与嬗变。重庆这个城市没有像成都那样有太多久远的让我们回忆的景观胜迹，却多了一座座横跨长江、嘉陵江的大桥。据我所知，重庆是长江上跨江大桥最多的城市。一座座跨江大桥让重庆这座城市更显夸张和豪气，显现跨越与速度。而轻轨和过江索道更使这座城市充满现代的气韵和山城特色。三峡博物馆、五星级山城影院、重庆图书馆与解放碑和重庆人民大会堂相互映衬，使现代都市文化与重庆特有的近代文化融为一体。

这是一座让人充满想象而又享受快乐激扬人生的城市。

（三）武汉

武汉地处长江、汉水交汇处，古称夏汭，系古楚国之禁泽遗道；"夏"意指该地域广大，"汭"指汉水曲折入江之处。早在五六千年前的新石器时代，即有先民在这里繁衍生息，市内放鹰台、老人桥和市郊大量的古文化遗址，即是先民们在新石器时代劳作、生息的地方。盘龙城是商代早期在长江流域建立的军事据点（一说为方国故城）；该城市的形态完整、功能齐全，是迄今为止在长江流域发现的时间最早的古城（为我国第二座时间最早的商代古城），也是武汉城市的起源。因此，武汉是长江流域最古老的城市之一。

西周至春秋、战国时期，武汉地属鄂国、郧国和楚国。秦属南郡。西汉时属荆州江夏郡沙羡县。东汉末年，武汉地区因其地理形

势优越，逐渐成为地区性政治中心和军事堡垒。其中，汉阳筑城最早，东汉江夏太守黄祖屯兵的却月城，为最早的汉阳古城。汉口成镇最晚，明成化年间（1465～1487 年）汉水在郭茨口改道后，汉口从汉阳分出，明嘉靖间始置汉口镇，明末改设汉口巡检司，隶属于汉阳县。清初设仁义、礼智两巡司，置汉阳府同知驻此。清光绪二十四年（1898 年）设立夏口厅，汉口始正式从汉阳分出，成为独立的行政区。

由于长江、汉水在此交汇，武汉自古就是重要的交通枢纽。自三国以后，随着政治、军事地位的提高，经济也日益发展。唐宋之际，武汉已成为商业都会，商业繁茂，水运发达。明末清初，武汉的航运业发达，商业更加繁盛。

武汉不仅历史悠久，而且具有光荣的革命传统。历史上很多农民起义军都曾在此活动：元末的徐寿辉建"天完"国，初在浠水，后定都汉阳，达 4 年之久；"汉"国皇帝陈友谅死后葬在武昌；明末李自成、张献忠都攻打过武汉，张献忠火烧楚王府，并于武昌称"大西王"。特别是在近代，清末太平天国起义军曾四下汉阳、汉口，力克武昌，并由此而东向南京；推翻封建帝制的辛亥革命首先在武昌爆发；中国共产党的创立，武汉共产主义小组是发起者之一；震惊中外的"二·七"大罢工，第一声罢工汽笛即在汉口江岸拉响；第一次国内革命战争时期，国民政府从广州迁来，武汉成为革命的中心；抗日战争初期，国共两党再度合作，武汉一度为临时首都，领导全国人民抗日救亡。

武汉的娱乐远比成都洋气，也比重庆大气。早在 19 世纪 20 年代就有了像汉口新市场这样规模的娱乐场所，集剧场、书店、商场、陈列所、中西餐厅、弹子房、游戏场等于一体，同时拥有明德饭店这样一些现代饭店。但是商业文化的发达，渗透在大量普通市民的血液中，使有人认为武汉是一个市民化的城市，这可以从汉正街的商贩、武汉小街的市民化、以前夏天满街的凉板中得到印证。武汉

武汉黄鹤楼

人在饮食文化上有独创精神，使武汉饮食品种丰富，烹饪精美，全国闻名。比如，武汉小桃园的鸡汤、谈炎记的水饺、五芳斋的元宵、老大兴园的鮰鱼、老会宾楼的楚乡名菜，均极负盛名。武昌鱼更是武汉名菜。

在长江、汉水交汇之处，龟蛇对峙、一桥飞架、三镇鼎立、万舟云集，这一带是武汉形胜最为雄浑且最富诗意的地方，闻名遐迩的黄鹤楼便矗立在这里。名楼巍峙于蛇山之首，雄阁飞檐，金碧辉煌，出重霄，瞰急流，云蒸霞蔚，波唱浪吟，给武汉三镇平添无限风情。

（四）南京

南京是我国"七大古都"之一，自公元 3 世纪以来，有东吴、东晋、宋、齐、梁、陈（这六代合称"六朝古都"）、南唐、明、太平天国、中华民国等十代建都于此，留下了丰富的史实与遗迹。

明朝南京城的建设是古代南京发展史上规模最大并且最具特色的一个阶段。元末，朱元璋以集庆为根据地取得天下后，经多方比较，决定以应天为京师。从元至正二十六年（1366 年）直至明洪武末年，经过 30 余年的建设，形成规模宏伟的南京城，它以独特的不规则城市布局而在我国都城史上占有重要的地位。南京作为大明王朝的都城，历经洪武、建文、永乐三朝，计 53 年（1368 ~ 1420年）。自永乐十九年正月（1421 年）以北京为都城后，南京仍为留都，并建有王府、六部等军政机构。

南京作为有着 2400 多年建城史的历史文化名城，对于中华民族作出了十分重大而独特的贡献。自孙权定都建业始，许许多多对我国政治、经济、科学、文化、艺术发展产生过重大影响的历史人物或出生于此、或活动于此，在此充分展示其智慧和豪情。他们在对国家和民族作出贡献的同时，也为南京的发展带来了生机和活力，为南京的人文形象增添了光辉。如大数学家祖冲之、无神论者范缜、"金陵八家"的龚贤、有"南京三张"致称的张恨水、张慧剑和张友鸾等。

南京既有历史文物之雅，又有自然山水之胜。南京的城市绿化居全国之冠，道路两旁处处是层次分明的立体绿化带，四季常青，绿树成荫，不愧是兼具古今文明的园林城市。南京保存的山水名胜、六朝遗迹、历史文物很多。古有金陵48景之说，南京博物馆还保存有清代乾隆年间青绿山水画册的金陵48景图卷；但随着时代变迁，有些景点已渺不可寻，1984年经南京市民重新评选，评出了金陵新40景，如玄武湖、燕子矶、莫愁湖、栖霞山、瞻园等。

在城市的饮食上，南京相对显得就不是那样显眼了。我们只知道夫子庙的小吃名声在外，但未能形成光芒四射的饮食文化。

（五）杭州

江南总是梦人乡。与南京不远的杭州和扬州的历史同样曾是笼罩在一片烟花水色之中，但这两个城市还更多一种食的牵挂与梦念。

杭州的历史十分悠久，新石器文化就很有影响。传说是大禹治水在会稽山登陆，有"舍杭"登陆之意。"杭"为一种复合舟船，即两船并扎相并，像今天的双体船。这就成了今天"杭州"的最早出处了。杭州在秦汉时称钱塘，曾一度为会稽郡治址，东晋时属吴郡，南朝时曾为

杭州西湖

钱塘郡治，隋正式设立杭州。隋唐以前杭州历史远没有长江上的成都、武汉等城市光芒耀眼。只是从隋开凿大运河以后，杭州的位置和地位才被世人看重，为唐以后杭州的繁华奠定了基础。

唐代李泌任杭州刺史，开凿井泉，引西湖水入城；后来白居易任刺史后，又筑长堤，将西湖水拦蓄起来，作为农业灌溉之用，以致人们在西湖将白沙堤改称白堤。五代吴国以杭州为国都，国王钱镠筑子城，周长 50 余里，以后又在外围筑罗城，周长 70 余里，杭州城的规模大大扩展。

北宋时期随着中国政治经济文化东移南迁，杭州城市的地位越来越重要，北宋苏东坡等官员对西湖和六井进一步进行了整治，使西湖的生态环境更加良好，为杭州城市发展增加光彩。城市地位上升，超过当时的苏州城，开始有了"天上天堂，地下苏杭"的说法。

南宋以临安为都城，大量移民进入杭州，使杭州的社会经济文化发展。南宋杭州城面积约 14 万平方千米，人口 130 万，人口密度十分大。在手工业方面，丝织业、酿酒业、印刷业、造船业都有十分重要的地位。杭州城市商业发达是城市一个重要特色。据称杭州的天街两边"店铺林立"，城内街市"居民屋宇高森，接栋连檐，尺寸无空"。大量专业特色的市场出现，有所谓"东门菜，西门水，南门柴，北门米"之称。

宋代杭州城市发展上一个最大特点是饮食娱乐业发达，茶楼酒舍栉比。特别是很有特色的勾栏瓦舍，成为平民消费的主要场所。运河两岸，西湖四周，水色春光，灯红酒绿，半壁河山的南宋临安面对国家的危机，更多的人寄情怀于水光山色、酒色歌栏之中，以致时人感叹："山外青山楼外楼，西湖歌舞几时休？暖风吹得游人醉，直把杭州作汴州。"直到元代马可·波罗仍然称赞杭州是"世界上最名贵富丽之城"。明清以后杭州城的政治经济地位下降，但明清江南地区手工业的发展为城市商业经济提供了条件，而传统的娱乐业发达的风气依旧。

现在杭州的饮食业汇纳百川，而本地杭州（邦）菜虽然不如川菜、粤菜、湘菜风光全国，但特色鲜明，如东坡肉、叫花鸡、西湖醋鱼、龙井虾仁、宋嫂鱼羹、莼菜汤等声名在外。杭州的娱乐场所往往大气华丽，无数江南春色点缀，仍有南宋遗韵。而这种饮食娱乐和西湖春色与《白蛇传》、济公和尚、西泠印社、雷峰塔融在一起，更增加了杭州饮食娱乐的文化品位。

（六）扬州

扬州历史悠久，曾是江淮经济文化中心，也是对外贸易和国际友好交往的重要港埠。早在春秋末期，周敬王三十四年（前 486 年），吴王夫差为了北上争霸中原，开邗沟连通江淮，并在原邗国故址—蜀川上建筑"邗城"，至今已有约 2500 年的建城历史。邗沟是我国历史上第一条沟通长江和淮河的人工运河；邗沟的开发，勾通了南北交通，为江南经济、文化的发展创造了有利条件。而"邗城"也是历史上最早的扬州城（当时城周约 12 里）；自此之后，历代王朝多在此建都、郡、州、府城。

历史上扬州的名称很多。战国时期楚怀王灭越后，将邗城重加修筑，改称"广陵城"。秦亡后，西楚霸王项羽曾准备在广陵建都，故又称"江都"。汉初，刘邦封其侄刘濞为吴王，建都广陵，扩建城池，周长 14.5 里。魏晋南北朝时期，广陵城曾改称为"南兖州"、"吴州"；直到隋初，隋文帝杨坚设置扬州总管府，扬州城始有"扬州"之名。

至唐代，春秋的"邗城"已扩大到蜀冈下的平原上，城址分子城和罗城两部分：蜀冈之上为"子城"，亦称小城，即衙城，是衙门聚集的地方；蜀冈之下为"罗城"，亦称大城，为工商业区和居民生活区。五代十国时，扬州为吴国杨行密的国都，后周在此筑周小城。到北宋，扬州城分为三个部分，即堡城、夹城、大城，合称"宋三城"。南宋宝佑三年（1255 年）增修堡城，称为"宝佑城"。元代，

扬州城遭受兵燹，破坏很大，只剩下蜀冈宋大城一部。明初，在宋大城西南修筑小城；到明中期，小城东至运河间逐步发展成为商业和居民生活区；明嘉靖年间，为防倭寇袭扰，遂在东城外扩建新城，原小城称为旧城。清代沿用明城。

古代扬州经济繁荣，历史上曾出现过三度繁华。最早的繁华出现于西汉；汉高祖刘邦封其侄刘濞于扬州建立吴国，由于当时采取了一系列恢复农业生产的措施，且减轻赋税和徭役，又招收流民开矿冶铁、开发盐业，经济快速发展40余年，达到"国用富饶"的繁华景象。

唐代，扬州经济再度空前繁华，人口达46万人，成为国内外著名的经济大都会。由于隋炀帝曾役使百万民工挖掘运河，勾通了长江、淮河、黄河、海河、钱塘江五大水系，且使扬州处于大运河汇入长江的要冲，既为南北经济、文化交流带来便利，也为扬州的经济发展奠定了坚实基础。因此，唐代的扬州成为全国南北交通枢纽和盐铁集散中心，尤其是扬州的漕运很兴旺，有通向波斯、大食、东南亚和日本的航线，而且吞吐量很大，是我国古代四大国际贸易港口之一，来自东南亚、日本和阿拉伯的商人多达数千。此外，唐代扬州的手工业非常发达，尤以铜镜、漆器、玉器、乐器、毡帽、家具、糕点最为著名。由此可见，扬州在唐或唐以前已非常繁华，连号称"天府之国"的四川成都也赶不上它。

清初，南北漕运大发展，扬州是南北漕运的咽喉，出现了经济上的第三次繁华。特别是扬州的盐业成为全国最大的商业资本集团之一，当时以盐税为主的两淮赋税竟占全国商业总税收的一半。

新中国成立以来，扬州经济有了很大的发展，工业以汽车、船舶、机电、化工、轻纺、食品、电力和工艺美术为主，农业地域广阔、资源丰富，是江苏的"鱼米之乡"，和粮、棉、油、肉和水产品的主要产区之一。1992年，扬州跻身于全国城市综合实力50强之列（位居第34位），在全国43个国民生产总值超百亿元的城市中扬州列为第 18 位。扬州规模经济的迅速发展、规模企业的不断壮大，必将取得丰厚的规模效益，将使扬州这座"扬一益二"的"淮左名都"以崭新的风姿出现在人们面前。

扬州自古以"园林甲天下"闻名。扬州园林始见于汉初的王室苑囿，吴王刘濞建都广陵，曾建筑"钓台"等园林建筑。南朝刘宋南兖州刺史徐谌之在蜀冈"建有风亭、月观、吹台、琴室，果竹繁茂，花药成行"。隋炀帝三下江都，大造行宫，园林规模已相当宏大。清代扬州经济、文化再度繁荣，康熙、乾隆六次南巡、六到扬州，扬州园林达到辉煌的顶峰，全城大小园林百余处，时人有"杭州以湖山胜，苏州以市肆胜，扬州以园亭胜"之说，可见扬州园林盛况空前、影响深远。

扬州古迹名胜众多，著多寺庙有天宁寺、仙鹤寺，著名祠墓有史可法祠、普哈丁墓园，均规模宏伟，且已整修一新，对外开放。此外，还有位于城南古运河畔的文峰塔是水陆交通进出扬州的标志性建筑，位于市区主干道上的石塔、文昌阁、四望亭等是扬州古城风貌与人文景观的重要体现。真可谓，"竹西佳处，千古风流"。

扬州自古就形成了崇文之风，是苏北地区的人才教育中心，以众多的历史名人如鉴真和尚、秦少游、史可法、阮元、"扬州八怪"、朱自清、梅兰芳等著称于世，正如徐凝诗所云"天下三分明月夜，二分明月是扬州"。

扬州有名列中国四大菜系的淮扬菜，三套鸭、醋熘鳜鱼、水晶肴肉、鞭蓉鸡片，加上"扬州三头"的清炖狮子头、拆烩鲢子头和扒烧整猪头，扬州炒饭更是名扬天下。与成都一样，扬州也是一个娱乐消费性城市，扬州人有所谓"早上皮包水，晚上水包皮"。所谓"皮包水"，是指扬州人的茶馆文化发达，这一点与成都相似。至于"水包皮"则指扬州的浴室文化十分发达，"扬州三把刀"之一的修脚刀和"扬州擦背师"就是浴室文化的杰作。而其他两把刀的"厨刀"和"剪头刀"，也正是扬州饮食文化和休闲文化的杰作。也可

能是商业发达，城市繁荣，历代大商墨客风流非凡，加上江南美色
文化的影响，为美姜文化的产生创造了基础，所以出现了"扬州瘦
马"。扬州昔日繁荣留给我们的追梦太多。

（七）上海

上海地区是人类开发最早的地区之一，目前已发现 27 处重要的
古文化遗址。秦设会稽郡县，今上海地区的北部、东部多为县地
（西南一角则为海盐县），县治在今金山附近；这是上海城市萌芽阶
段。西汉为会稽郡娄县，东汉至晋为吴郡娄县。南梁天监六年（507
年）改娄县为信义县，南梁大同元年（535 年）又改名昆山县。自
晋至唐，今上海市区包括浦东一部分已陆续成陆。

上海外国租界的开辟，使西方建筑及其风格随之而来，出现了
教堂、领事馆、洋行、银行、巡捕房和花园住宅、夜总会等各类建
筑。特别是 1840 年以后的西方建筑，正处于由文艺复兴后期向近代
建筑的过渡时期，上海的建筑也受到这股潮流的影响，迄今留下了
世界各国风格迥异、各具特色的近代建筑，其数量之大、质量之优、
类型之多均居全国之冠，亦为世界其他城市所罕见，被中外建筑界
誉为"万国建筑博览会"。

上海现存的古代优秀建筑，大体分为三大类型：宗教建筑、古
园林和传统民居；另有若干体现"江南水乡"特色的古代桥梁。其
中，宗教建筑以佛教为主，有佛塔、经幢、寺庙等；现存古园林以
豫园、南翔古漪园、松江醉白池、嘉定秋霞圃和汇龙潭、青浦曲水
园等最有代表性，其造园艺术之高、建筑之精美，足以成为上海优
秀历史文化的重要代表；传统民居在上海中心城市已不多见，仅存
书隐楼等清代民居数处。

由于近代上海的特定地位——是帝国主义在政治、经济、文化
等方面侵略中国的基地，因此上海人民备受政治上的压迫和经济上
的剥削，这激起了上海人民前仆后继的反帝反封建斗争；特别是

1921 年中国共产党在上海成立，党中央有较长的时间设在上海，领导全国革命。因此，中国近代史上许多重大的革命历史事件都是在上海发生或开展的，从而也留下了大量的近代革命史迹和纪念地，如中共一大和二大会址、上海工人三次武装起义地、龙华革命烈士就义地、五卅烈士流血处、太平天国烈士墓、四明公所血案地点、吴淞口炮台等，以及许多革命领袖、先烈的活动地点、故居及墓地等。

纵观上海城市发展的历史，她首先是一个八方聚会、中外交融的大移民区；这一历史特征构成了上海特有的地方文化，即所谓"海派文化"。在上海，从戏曲艺术、工艺美术到学林百科，从南京路、淮海路琳琅满目的商店到外滩的欧美式近代楼宇，从上海方言到淞沪小吃、风俗习惯，无不洋溢着"海派文化"色彩。作为海派文化，反映在文化特征上，其兼容性、通俗性与商业性比较突出。对外来文化的兼收并蓄，以不拘一格、容纳百川、开风气之先的海量和气派，形成既不同于原有文化、又不全是外来文化的创造性文化，是海派文化的基本特征；此外，新奇变异、趋赶时尚、通俗娱乐，是海派文化的另一大特征。这些特征，体现在上海社会、经济、建筑、文学、艺术、哲学、审美等社会生活的各个领域。

1994 年 12 月，上海市建设党委、上海市建委、华东建筑设计研究院、解放日报社、上海电视台、上海市作家协会《海上文坛》杂志社、上海市旅游局、上海县房地产总公司、上海嘉士德——华海集团有限公司、上海健力宝房地产投资咨询公司等 10 家单位联合主办了"90 年代上海十大新景观评选活动"。这次评选活动历经 5 个月，评出了浦江双桥（杨浦、南浦）、内环线高架公路、人民广场、新外滩、东方明珠广播电视塔、地铁一号线及 12 个车站、豫园商城、新锦江大酒店、虹桥经济技术开发区、古北新区等上海十大新景观。

在这个近代东方乐园中，娱乐和饮食往往都是中西合璧。西方

上海东方明珠广播电视塔

饮食文化中的白兰地、香槟、啤酒、食糖、冰棒、汽水涌现，玻璃制品、洋碱肥皂、洋火、西药、化妆品充溢市场；在服饰上面，上海在近代领导时装潮流，从宁波籍的"奉邦裁缝"到"海派戏装"，上海兼收并蓄，自成一体。上海是近代电影娱乐的圣地，近代著名的电影人物和重要的电影作品大都产生于上海，电影的"上海制造"已经形成。上海的菜系本身没有太大特色，但它汇纳百川，融入了中国各菜系，使上海菜显得精细万分。

在新中国成立后的 30 多年间，上海一直为中国工业、商业经济中心，上海知青、上海服装、上海汽车等"上海制造"对中国文化的影响可谓广泛和深刻，上海是中国商品精品的代表。改革开放后的一段时期，由于东南沿海的整体崛起，特别是珠江三角洲的兴起，一度使上海文化的影响相对下降。但近几年上海依靠 200 年的文化积累，在政策的支持下，重新显现出了东方第一城的风貌。

五 民俗文化

（一）节气

　　二十四节气的含义主要是我国古代人民在黄河流域长期从事农业生产活动而总结出来的，由于它能基本上反映农时季节，又便于依此安排农事活动，因而逐渐推广到全国。长江中下游地区与黄河中下游地区的气候大体相近，而其他地区则未必完全一致（如东北、西北、西南、岭南等），因而应结合当地的实际情况，灵活运用二十四节气。以前，长江流域的人们对二十四节气有自己的一套农事安排和节庆活动，有的节庆备受重视，人们便用各种方式表达出庆贺意思；有的节气未带有特殊的含义或典故，人们便平平淡淡地过。下面就长江流域的人们较为重视的节气和节庆活动择要介绍。

　　立春为二十四节气中的第一个节气，我国习惯上将之作为春天的开始到来，因而对之十分重视。长江流域的人们在立春日会举行一些庆祝活动，以表示对春天的到来寄予了无限的希望。

　　长江流域各地的人们，在立春之日有打春牛的习俗，为何都要鞭打牛呢？据传说，隋炀帝杨广在位时，倒行逆施，暴虐不堪，营建东都，巡游江南，对外用兵，对内高压，弄得民不聊生，怨声载道。此事被玉皇大帝知道了，传旨兴师问罪。天兵天将下凡，将巡游途中的暴君杨广给吓死了。天兵回奏玉帝，玉帝余怒未消，令阎王将杨广的魂魄贬为畜生。不久，长安城内一母牛产下一牛犊，奇怪的是牛犊的脖子上有"杨广"二字的白色印纹。众百姓知道后，均认为牛犊是昏君杨广投胎转世，余恨未消的百姓将牛犊用麻绳捆绑，押送到校场，众人用棍棒使劲地打它，一下子就将牛犊打死了。

这一天恰逢立春日，从此以后，每到立春日人们就用鞭子打春牛。有的地方鞭打活牛，有的地方舍不得打活牛便用土牛代替。

在二十四个节气中，每个节气都可称作"节"，但在百姓的心目中，真正称得上"节"并冠以"节"的节气，恐怕非清明莫属。人们习惯上都称"清明节"，而其他的节所很少带"节"字（农村中也有部分人称"冬至节"）。可见在中国人的心目中，清明的分量是相当重的。中国人重视清明节，其因有两个：一是自冬至到清明的百多天里，多为寒风雨雪的日子，其间虽有春节、元宵节的火爆节庆，但在严寒之下的人毕竟有着沉重的压抑感，需要适时舒张排泄。而春分之后，科学上的春天才真正开始了。这时气温升高，雨量渐多，万物萌发，桃红柳绿，呈现一派新气象。因而人们选择清明节的日子，到户外郊野呼吸新鲜空气，享受自然美景，抒发胸中闷气。在长江流域，每到清明节时，民间有上坟扫墓、踏青春游、戴柳、斗鸡、打球、荡秋千、放风筝等习俗。当然，各地的节日内容有所出入，但大体若是。

传统的寒食节与清明节时间相近，以清明节的前一天为寒食节。寒食节时，家家户户插柳于门，以招子推之魂；或设野祭，烧纸钱，皆为子推故也。再后来，寒食节渐不流行，但野祭等节日内容却保留到清明节的内容中了，逐渐合二为一。

在中国人的心目中，农历五月初五的端午节是个极其重要的传统节日，与春节、中秋节合称为三大节。端午节在历史上有许多名称，曾先后被称为端午节、端阳节、重五节、重午节、天中节、天长节等。端午节起源于长江流域，屈原也诞生于此，不管怎么说，这都是值得骄傲的。因而端午节的庆祝活动较别的地方也更为隆重些，当然，庆祝内容也无非是赛龙舟、吃粽子、悬艾、饮雄黄酒等。不过，各地的庆祝内容也还是有一定的差异性，呈现各自的特色。

汉族的中秋节又称"团圆节"、"八月节"，于农历八月十五日欢度"中秋"之词，始见于《周礼》："中春昼，鼓击土鼓吹雅以迎暑；中秋夜，迎寒亦如之。"农历的七、八、九三个月为秋季，八月十五正当秋季的中间，故称中秋。此日之夜，月之色信明于常时。据说北宋太平年间，始定八月十五为中秋节。宋人孟元老的《东京梦华录》载："中秋夜，贵家结饰台榭，民间争占酒楼玩月。"苏轼的"但愿人长久，千里共婵娟"之句，也当是中秋之夜的有感而发。元朝以后，中秋节不再是局限于某地的文人学士、王孙公子的赏月活动了，而是为民间普遍接受，成为具有大众性的活动了，并有了节日标志性的节俗——吃月饼。到明朝时，月饼具有特殊的意义，成为中秋节的象征。以后，中秋节的节俗基本定型，有赏月、拜月、团聚、食饼、祈子、酬神、祛灾、联欢等几种形式，并延续至今，成为我国传统的三大节日之一。长江流域的情况也基本如此。

在二十四节气中，冬至这一天在传统上也是祭祖上坟的日子。但其祭祖的意义逐渐淡化，由此民间多将冬至仅视为节令而已。按传统称呼，冬至这天还有"亚岁"、"长至"、"短至"、"大至"等别称。冬至的前一天又称"小至"。今人多仅知冬至之名，由此可知，冬至的节庆地位呈下降趋势。青藏地区的藏族同胞没有过冬至节的习惯，但在四川地区居住的藏族却在每年的冬至日举行尼乐德嘉祭，以祈来年幸福。云贵地区的汉人不若现今之多，因而对冬至节的重视远不如长江中下游地区。不过，地方上的文武官员在冬至这一天并不空闲，仍然依古礼互相拜贺。相对云贵地区而言，四川人过冬至节的气氛要浓一些。地方官在这一天照例会在书院中向万岁亭朝贺，并互相贺拜。民间则将冬至日称为"过小年"，因而自然会表现出一些类似过年的气象。两湖地区的冬至节庆内容基本相同。当地将阴历十一月称为"冬月"，其实，阴历的十月、十一月、十二月皆为冬，独称十一月为冬月乃因"冬至"在该月故也。古代上海人称冬至前夕为"冬至夜"，做花糕，杀猪羊祀先。三日罢市，互相拜贺，鼓吹喧闹，号"豁听"。相互宴请，称为"分冬酒"。上海也有"冬至大如年"之谚，祭拜祖先，十分隆重。出嫁女亦不得在娘家过冬至夜，必返婆家。

春节是中国人最重要的节日，也是中国传统文化的高度浓缩与集中体现。关于春节的来历，有些美妙的传说，其中流传最广的故事说：在远古的时候，有一种叫做"年"的怪兽，既厉害又凶残，什么动物都不是其对手。平时，它在森林里以动物为食。每当严寒将尽、新春将临时，动物减少，年就跑下山进村吃人和畜，一口就可将人吞下去。人们十分害怕，为了活命就躲到屋中，但这样仍然免不了人畜遭殃。于是，人们在户外村口燃起火堆，大火哔哔叭叭地烧，吓得年再也不敢进村了。赶走了年，人们就在火堆旁尽情地唱歌跳舞，饮酒吃肉。年复一年，人们继续着同样的活动，以后就将之称为"过年"。长江流域的各族人民，在春节中首先不忘天地诸神和祖先神灵，体现了中国人不忘根本的民族精神，剔除其中包含着的某些迷信的色彩，这种精神传统仍有继承的必要。

（二）民居

1. 长江源头的青藏民居

青海省位于青藏高原的东北端，面积72.36万平方千米，大部分地区都在海拔3000米以上。青海的黄河、湟水谷地以及柴达木盆地是人口较多的地方，西宁市和海东地区的人口最多。

青海在历史上既有游牧民族，也是农耕民族。一般说来，汉族以农耕为主，少数民族以游牧为主。直到现在，青海还有藏、回、土、撒拉、蒙古、哈萨克等少数民族。青海的藏民多，他们几乎天天迁徙。唯有冬季，牧民才赶着畜群，来到沿湖的丘陵地带定居一段时间，三五户组成一群。他们在避风向阳的沟壑搭起帐房，等待春天的到来。牧民在迁徙时，习惯于把帐房折叠，驮在牲畜身上。牦牛是"高原之舟"，它能负重100多斤，牧民的家资全靠它四处转动。随着社会的进步，牧民逐渐流行白布帐房。这种帐房更简单、漂亮、轻便。它还可以造型，搭成尖顶、平顶、马脊式，其上还可绣各种图案。帐内摆着羊毛毡子，牧民围着灶吃饭或谈笑，享尽游牧的快乐。

青海东部有藏式庄郭，房屋以圆木为顶，上覆厚土，屋内有热炕相连。

青海的玉树、果洛等地区流行碉房，又称碉楼。碉房下宽上窄，以石砌成，外观不见木材，倚山而建，宛如古城堡。古代的羌族人常修建三层碉房，下层沤粪、养牛羊，中层是卧室和贮藏室，上层存放物品。房顶是平的，可以晒粮食。由于青海在古代是东西通道，人口流动频繁，商旅往来，盗贼出没，兵连祸结，社会往往不安定。于是，羌族人加高碉房，建成碉楼。碉楼有六七层、甚至有十几层的。碉楼有的是四角形，有的是六角、八角形，下层很厚，有的厚达一米由下向上逐渐收缩，呈梯形。外壁很光滑，不可能攀上去。楼上有了望孔，可以观察四周的动静。它实际上是军事碉堡炮楼，经得起枪弹，是防御型的掩体。

青海的汉族民宅多是砖木结构，五组檩条。而大宅常采用两架七檩结构，即双梁双扣，在大梁上再设两墩，墩上设两架梁。屋顶有七个组檩。宅门一般是四扇木鬲子门，窗子有揭窗和推窗。门楣和屋檐有雕刻的图案。青海的汉族人在建房时，用一个大瓷瓶装"大仓粮、大海水、八宝、发面、海龙、海马、天心、地胆、石燕"等物，盖上红布，择吉日，把宝瓶埋在中宫或门口，认为如此一来家庭就会兴旺。

青海的柴达木盆地海拔两三千米，总面积20多平方千米，周围群山环抱，中间是个聚宝盆。洪荒时代，这里曾是个大湖，由于漂移的印度板块推挤，喜马拉雅山隆起，使柴达木与外隔绝，太阳蒸发了湖水，形成了巨大的盐湖。柴达木盆地是盐的世界，人们"挥盐如土"。走的是盐巴路，住的是盐巴房，甚至连厕所也用盐巴砌成。盆地中南部的察尔汗筑有一条长达30千米的公路，全部用盐堆积而成。这条盐路被称为万丈盐桥。在路边的民居大多以盐巴建房，盐房可以不打地基，不怕重压，不怕火烧，就是怕淡水。淡水会使盐块溶化，危及房屋安全。当地保护房屋的规矩是不得随便泼水。盐巴房用盐块垒成，有尖屋顶，远处看来亮闪闪的。

西藏自治区位于我国西南边疆。世界最高峰珠穆朗玛峰耸立在中国尼泊尔之间。境内有 1500 多个湖泊，有雅鲁藏布江、怒江、澜沧江、金沙江流经。金沙江等水系是长江上游的一段。

西藏的民居与宗教文化紧密联系在一起。藏民有充分的宗教自由，西藏是地道的宗教王国。从选址看，西藏的民居紧紧围绕寺庙发展。人们为了方便拜佛，为了得到佛的保佑，都主动地把民居建在庙宇四周。从民居的装饰看，大多采用了佛教的吉祥图案。在西藏几乎所有的村落都可见"万物有灵观念"的宗教装饰，几乎每个村子的房顶都有经幡，每个门上都有崇拜图饰。民居大多有诵经的经堂，经堂是住宅的重要部分，一般在正面靠墙处安装木制格架势的佛龛。龛下有壁柜，柜中存放经卷或法器。长期以来，长江上游的藏民大多习惯于在帐房供奉神龛，龛上摆着大波罗密经文。经文是宝物，用于镇宅避邪。宅主未必识字，也未必读经，但宅中供着经文可以使宅主感到安全，总认为有无形的神祇在护佑着住宅。为了表明对神的尊重，龛前常摆着铜制的净水小盅，并点着长明的酥油灯。

西藏较为普遍的民居建筑是碉房。每家一座独立的碉房，众多碉房组成一个自然村。碉房大多是石木结构，墙体略向内收。有的墙体用石砌，大方石之间夹碎薄石，以泥填缝。也有板筑土墙。有的下层用石砌，上层用木材建构。碉房主要以墙体承重，又有柱网承重和墙柱混合承重。一般是两层，少数有三层。下层是牲畜栏和储藏房，上层住人。由于冬天寒冷，四季风沙大，碉房的门窗都较小。有的在外墙的门后设隔墙，用于挡寒防沙。为了加强采光和空气流通，碉房一般都朝南，并且尽可能加大开间的内部结构，院中朝南的门窗大，采用方格式窗子。碉房也有美的装饰。藏民特别爱美。房屋的外表看起来很粗劣，室内却有许多工艺品。柱子上面有彩绘雕刻，供神的地方摆着许多装饰器具，有的家庭还悬挂着丝绸彩画。有的碉房在门楣的上方砌一个塔形装饰体，塔形体的左右两侧分别涂有土红色和黑色。有的把大门涂成黑色，门上用白色画月亮，用土红色画太阳，也有的画牛角。黑白相间，颜色对比鲜明。门上有遮阳的装饰。有的在门楣上供奉神龛，内奉神物或玛尼或牛头。有的在门上悬挂风马旗，常见的用草扎成牛头，牛头上有吉祥图画，画上有旗。

轻巧的帐篷是游动人口的居舍。帐篷主要流行于游牧民族，他们随水草而迁徙，不得不采用灵活的、轻便的、便于拆卸的帐篷。藏族的帐篷，一般是用土织的牦牛毛布缀成，大多呈长方形，牛绒毛捻纺的篷布粗厚耐用，可以防风挡雨。帐篷有大有小，小的24幅，中等的32幅，大的48幅，每幅约一尺宽。支撑帐篷，首先是选不积水的平地或凸地，周围立桩，中间以木杆为柱，用牛毛绳系柱杆，另一端系在地上的木橛上。如果在帐篷里住的时间较长，牧民们便往往在帐篷四周用草饼或土坯堆成墙垣，高约50厘米。帐篷内的设置，中间多是土灶，土灶像一条泥船。船头置铁锅，前舱作为灶膛，以牛羊粪为燃料。灶的两边是除灰洞。灶后放碗厨，有的供有佛龛。从生活上而言，灶台的左方为女席，右方为男席，以入口为标志，以灶以台为左右界。藏民的帐篷外一般有狗守护，陌生人不得擅入。但是，藏民好客，常常留陌生的游客在帐篷中过夜。

2. 长江上游的云贵川渝民居

云南省省会昆明三面环山，南滨滇池，水土肥美、气候温和，天然就是适合人类生息的地方。云南是多民族省份，汉族人口居多，还有彝、白、哈尼、壮、傣、苗、傈僳、回、拉祜、佤、纳西、瑶等少数民族，全省有 8 个民族自治州和 19 个民族自治县。民族文化丰富多彩，各民族的民居异彩纷呈。

彝族民居建筑颇有特色，居住形式有骨坡顶建筑、土掌房建筑、

木楞房建筑、一颗印建筑。在云南靠近四川一带，由于重牧轻农，人们建有许多棚屋；在靠近贵州一带，人与土地关系较为固定，建有较大规模的院坝。院坝往往由二幢或三幢建筑围合而成，正房多是三开间，火塘在明间，另有杂物间、晒晾栅、牲畜房、厕所等。受汉族影响，许多民居有屏风、天井。

白族民居很重视照壁，照壁用白灰粉刷，壁上写吉祥的字。大多数房屋都采用"三房一照壁"的布局。屋面用筒板瓦覆盖，前面重檐，形成前出廊格局。房屋采用穿枋式支撑结构，可以抗震。纳西族聚居地区，曾经有一种称为"花骨"的住房，是摩梭人用于阿夏婚的建筑。阿夏婚是母系氏族社会的遗俗。在母系家庭中，妇女有"花骨"，作为接待情侣阿夏的房间。"花骨"有床铺、箱柜，有的还有火塘。

傣族讲究竹楼的柱子。有的选 36 根，有的选 48 根，甚至还有选 64 根的。只有土司家的木柱允许竖在石墩上，并且在柱上雕刻花纹。一般的竹楼用 8 根，4 个角用四根，火塘旁 2 根，房中间架梁 2 根。这 8 根中柱分别称为男柱、女柱。男柱称为绍岩，要直，树干上要有小枝丫，象征男性生殖器。竹楼建成后，中柱的楼下部分不许拴牛马，楼上部分不得随便挂东西。

佤族称大房子为"尼阿亭"，采用竹木结构，其顶以茅草覆盖。限于每年 2 月修建，以猪牛鸡鼠献祭。人们把牛血涂在梁柱上，把崇拜的飞禽——木刻燕子竖在屋脊，并供奉着祖神。房子的四壁用石灰、黑炭绘画，作为装饰。有的在房后设鬼门，用整木挖成椭圆形洞，上装 20 厘米厚的木门，上刻一裸体男像。鬼门还供有天地、祖先神位，据说鬼魂由鬼门出入，死人只能从鬼门抬出。

纳西族有一种三方一照壁的房屋结构，布局为四方形。正房居中，耳房一方，畜圈一方。正房并排三间，中间是堂屋，两边是住房，上下两层，屋檐很宽。当中是天井，地上嵌有瓦石构成的图案。纳西族建房特别讲究立中柱。中柱要粗壮笔直，并生长在向阳的坡

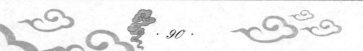

上。上山砍柱时要杀一只白毛母鸡献山神，砍树时要让树头倒向东方，把树尖上的树叶摘来烧天香。立中柱时要举行仪式，以木柜装粮，以坛子盛酒，以鸡血滴入粮食和酒坛。有的地方立一根中柱，有的立两根中柱，左为男柱，右为女柱。纳西族把居住场所称为一梅（摩梭语）。他们把房间分为五个部分：正室作为待客、议事、炊事、祭祀的场所；左室为卧室；右室陈放用具，如碓磨大灶；后室是库房；走廊用于穿行。正室的中间一般设有火塘，火塘的后面上方供有神龛，龛中供灶神。火塘左边是主位，右边是客位，左边放有大柜。人们在劳作之余就围着火塘席地而坐，妇女从事炊事，儿童在一旁玩耍。

贵州的中部有苗岭，是长江水系和珠江水系的分水岭。东北部有武陵山，为乌江和沅江的分水岭。全省山高谷深，人们居住在山坡上或枣形盆地（坝子）。

贵州的山洞很多，历史上曾有穷人住在洞中。历史发展到今天，贵州人民已走出了封闭，贵州的一些城市正在成为名城，名人名居也逐渐被开发。贵州的省会贵阳位于贵州中部的盆地，冬无严寒，夏无酷暑，是一个气候宜人的地方。全市人口100多万，民居大多沿山坡修建，与重庆一样有山城特色。

侗苗山处贵州除汉族外，还有苗、布依、侗、彝、水、回、亿佬、壮、瑶等少数民族人口600多万，占全省人口的1/4，他们大多住在山坡或谷地。贵州与湖南、广西交界处分布着侗族村寨，当地有大片杉木，房屋用杉木建成。一楼放春米的石碓、杂物，二楼是卧室和厨房，三楼是客房。木楼以榫接而成，整体抗震，即使歪斜也不会倒塌。当地的工匠凭经验建房，一代一代口耳相传，形成规矩。特别是建造鼓楼有严格的定式，材料、榫眼、数字，都必须按祖辈流传下来的要求。

黔南布依族苗族自治州的寨民大多聚族而居，住房栉毗相连。楼下为畜舍，楼上住人。当地的房屋有矮茅式、墙门式、店屋式、

庙宇式。庙宇式房屋前低后高，店屋式房屋大多分为两层，墙门式房屋内有天井，矮茅屋多是农家居住，用皮纸糊窗，用稻草盖顶。

在安顺地区镇宁县有个石头寨，居住着布依族人。由于寨子周围有很多石头，人们就地取材，房屋尽可能全用石材。无论门框、窗棂，还是台阶、屋瓦、墙垣，全部用石块、石板砌成。房内外的家具也多是石制，如石桌、石凳、石灶、石钵、石缸。石板房的第一层是牲畜圈，第二层住人，第三层是杂物房。房门、房窗较窄，防止跨度太大不牢固。房间多是奇数，奇为阳，阳为吉。

在凯里市以南，有一座民俗村寨博物馆，它是贵州少数民族民居的集中体现。复制的苗、侗、布依、仡佬、彝、瑶、土家、水族民居建筑，朴实自然，生动逼真。四川原称巴蜀，辖有重庆。今重庆已从四川析出为直辖市，但从区域文化角度看，巴蜀仍为一个整体。

四川民居有多种形式，汉族人有院落式房屋，少数民族有碉房、干阑、帐篷等。川渝民居受地形制约而形成独自的风格。由于盆地湿热，民居必须出檐以挡雨，又必须敞开门窗而使空气流通。由于山地较多，民居建在山坡，横向并列，不宜纵深发展，因地制宜，不拘方向。以务实为特色。川渝有丰富的建材资源，街道或天井以大青石铺盖。木材很多，以熟桐油刷在表面以防腐。遍地是竹子，常以竹代木。

川渝民居流行穿斗式木架构，以柱承檩椽，很少用梁。柱密，柱间穿插枋木。这样，可以使较小的木材发挥作用，不必到深山老林砍粗树。川渝西部古称"蜀"，蜀地是个大盆地，盆地中间的成都平原以农耕为主。人们的生活习惯与江汉平原、太湖平原的情况大致相同。大户人家的民居讲究中轴线，大门开在中轴线上，俗称龙门。进了大门有两门，两门之后是正厅，正厅之后是祖堂，祖堂之后是后房，后房之后有花园。大门口常有人围在一起滔滔不绝地谈天说地，俗称"摆龙门阵"。一般民居都有天井，采用四水归堂的形式。一院为一进，有的民居有五进七进。

3. 长江中游的湘鄂赣民居

湖南因地处洞庭湖以南，故称湖南。又因其境内有湘江流贯，故简称湘。湖南是多水之省，民居常傍水而居，形成水乡特征。湖南地形是东南西三面环山而向北敞开的马蹄形盆地，沿山的民居与沿湖的民居有不同的风格。相比而言，山区的民居更加封闭一些。

在湘鄂川黔四省毗邻之地，居住着许多土家族人。由于这一带多是大山，所以民宅依山而建，一般的房屋是单屋三开间，稍富有的家庭是5间、7间。土家族也采用吊脚楼，常常在住宅的两侧建环抱式吊脚楼。吊脚楼的底层很矮，悬空是为了防潮、防虫，使第二层的居住间更加干燥和干净。此外，土家族还采用了四合院式的"印子房"，建筑物外围有高大的封火山墙，有三进、四进之别，宅内有天井、厅、房。

在湘黔交界的山区，侗族人民依山傍水修建山寨，寨子有寨门、鼓楼、吊脚楼。有的寨子还有寨墙。鼓楼有粗梁巨栋，重檐飞甍，楼中置大鼓，寨中有大事则击鼓聚众。有的鼓楼还兼作戏台，供寨民开展文娱活动。鼓楼有彩绘或雕刻，表现出寨民文化。吊脚楼是干阑式建筑的一种形式，一般沿等高线横向排列，底层架空，饲养牲畜；楼上住人。楼上有外廊、正厅、卧室。屋顶多为悬山顶，盖杉木皮或小青瓦。寨外的小河上有风雨桥，为了帮助人们避雨，桥上有亭，亭顶有飞檐，建筑很精美。寨外的田间路边有凉亭，井旁常有水井。

通道县一带的侗族吊脚楼很有特色，其建筑多是三屋，高的有五六层。楼下是杂屋，楼上住人，全部结构用卯榫嵌合，不用一颗钉子。人们在二楼堂屋做饭，进餐时用矮脚几案。从远处看，吊脚楼飞檐翘角、古朴端庄。

湖北古代民居有干阑式建筑，并且出现得很早。湖北江汉平原的沿江一带地势低凹，经常遭洪水淹没。民间常以木桩、高梁秆、

苇子搭草棚居住，大水冲垮后，再盖也容易。有的村庄十年九淹水，只要下几天大雨，村子就淹没了。若遇长江发大水，村子就成了一片汪洋。为此，人们不得不在建房时寻求对策。当地老百姓在盖砖石水泥房时，先建一个底层，使房屋悬空，底层留有水门，平时用砖叠闭，当发生大水时，推开水门，让水穿行于底层，减轻水压。

鄂南乡村民宅多是砖木结构，富户为青砖瓦房，有三间二重、五间二重，也有五重堂、七重堂。解放以前建房，从选址、定向、到清基下脚，都要请阴阳先生指导。建房以"前无阻挡，后有依靠，坐北向南，地势高亢"的地址为佳。立门以双日、逢八日为吉。大门顶合垅要放 6 枚或 8 枚金属钱币。完成"山头"，要请砖匠吃糍粑，意为越"巴"越牢固。

鄂西一带的土家族大多以木材建房，一般是四排柱三间，也有六排柱五间、十排柱九间。中间的房屋称堂屋，堂屋最大，是人们的活动场所。两边是厢房，俗称"人间"。每个人间分为前后两小间，形成套间，前为伙房，后为卧房。父母住在左边，儿女住大右边，以左为尊。每个房屋都有很矮的楼，楼上放杂物。

4. 长江下游的皖苏浙民居

安徽文化，最有代表性的是徽州文化，徽州的民居不仅是安徽文化的精粹，也是中国传统文化很珍贵的遗产，甚至在世界民宅遗产中也有一席之地。

徽州民居大多在山的南麓，有溪水环抱，道路铺青石板，宅门大多向西南。三合院多。中央有天井，天井内有一方水池。水平形高墙封闭，外墙一般不开窗。窗向天井，大门在中轴线，有门罩。青灰色或白色墙壁，本色木纹。石雕、木雕的图案精细。徽州民居大多是方形或长方形，采用封闭式、两层楼、三合院或四合院。底层有客厅，面阔 3 间，厅堂两边是厢房。楼上矮，铺木板，木楼梯很窄。墙壁用白色，瓦用黑色。贴墙门楼的工艺很讲究。与北方民居相比，徽州民居的拘谨少一些，活泼多一些。

江苏民居以苏州为代表。素有"东方威尼斯"之称的苏州水网密布，地势平坦，房屋多依水而建，门、台阶、过道道均设在水旁，民居自然被融于水、路、桥之中，多楼房，砖瓦结构为主。青砖蓝瓦、玲珑剔透的建筑风格，形成了江南地区纤巧、细腻、温情的水乡民居文化。由于气候湿热，为便于通风隔热潮防雨，院落中多设天井，墙壁和屋顶较薄，有的有较宽的门廊或宽敞的厅阁。

浙北杭嘉湖与浙东北宁绍地区，基本为平原多水地形。过去的交通主要靠水运，因此，无论城镇，还是村落，一般均依水而建，这些村镇都自然地形成了沿河带状布局，有的在河一侧，有的夹河而建。房屋相互毗邻，朝向多依河而定。河边设有不少公用或私用码头、河埠。建筑也往往做成骑楼或廊棚形式。如湖州南浔百间楼，就以上百间相连的临水骑楼民居而著称。

浙江中部金华、衢州（以及历史上的严州）及浙东部分地区，多丘陵山地，地缘上与皖南徽州接近，民居建筑虽有自身的特点，但与徽州建筑在不少方面有共同之处。诸如传统聚落深受风水观念影响，建筑多两层合院，以高大的粉墙围护，内部天井较小，厅堂用材粗壮，注重装饰，从大门门楼到室内隔扇漏窗，从梁架节点到基础勾栏，无不精雕细凿，装饰华丽。

浙南温州、丽水以及台州南部地区，属瓯越文化圈，乡土文化、耕读文化氛围浓郁。永嘉楠溪江流域散布着数百个古村落，在这些纯农业村落，村民们男耕女织，过着自给自足的生活。在这深受宗法制影响的村落里，村民们根深蒂固的的生活理想是"耕读传家"。耕是生活之本，读是农民攀登社会阶梯的唯一途径。因此，楠溪江古村落的文风很盛，浓厚的文化气息弥漫在山水之间，造就了楠溪江的乡土文化，成为楠溪江乡土建筑的一个重要特点。这一区域的民居，建筑形制古拙，结构简朴，不注重装饰，保留许多早期做法，反映了偏远山区建筑文化的滞后性。民居天井一般都比较大。东部的温州民居的维护墙多用板壁，而西部丽水民居则常见夯土墙。此外，在温州泰顺，还保留了以往见于在闽南、粤东北及赣南地区的土楼民居建筑，但规模不太大，两层或三层楼，其中以罗阳镇交阳土楼（当地人称为"仓楼"）最为著名，该楼为曾姓村民所建，四周环以水渠，夯土墙高大厚实，仅在一面开门。

上海是中国最大的城市，它所在的区域早在几千年前就有了可考的民居。上海在清代已是一个日渐繁荣的城镇，鸦片战争以后，1843 年开埠，允许外侨在租界建屋寄居，起初造了一些一两层砖木结构的洋房。20 世纪 20 年代，上海出现许多豪华住宅。在 1927 至 1937 年，高级花园住宅总建筑面积达 160 万平方米，主要是洋商、买办、资本家寓居。截至 1949 年，上海出现许多超级房产主，英国沙逊洋行占有 1900 多幢建筑，四大家族中的孔、宋两家占有近 500 幢楼房。与此同时，下层平民没有住房，或住在棚户区，约有近万人居住在简陋的茅棚。全市有 300 多处棚户区，拥挤、潮湿、破烂。如肇家浜户区东倒西歪，十分凌乱。在市内主要街道、交通方便之处，出现了高层公寓，居住着中产阶级，有一室户，也有两室、三室户。旧上海的里弄住宅 9000 多处，20 万幢。宽的为总弄，窄的为支弄。

自 20 世纪 30 年代开始，上海出现花园里弄住宅。这都是由富裕阶层修建。宅前或宅后有小花园，宅屋有起居室、浴厕间、厨房，还有阳台。1939 年建造的淮海中路上方花园、1940 年建造的建国西路懿园，都是这种风格。住宅花园有英国乡村别墅式，如东平路 9号原蒋介石私人住宅、虹桥路 2419 号原英商沙逊别墅。此外，还有西班牙式、法国式、德国式住宅。

上海的民居一度最流行的是石库门住宅，市民在传统三合院、四合院的基础上，吸收欧洲联列式住宅的毗连形式改进为石库门住宅。这种建筑把门楼改成石库门，进门是天井，厅堂有落地长窗，长窗可拆卸。围墙较高，栋与栋之间有马头墙或风火山墙相隔，有楼，一般为两层。一栋可以住数家。有公用厕所，还有公用小阳台。

上海河南中路的兴仁里是典型的石库门里弄住宅。

后来，一些上海商人和职员迁居到长江中游的九江、武汉、沙市，他们把这种建筑形式也带到了各地，至今仍可在武汉等城市见到这类建筑。上海建筑的风格是多元化，把上海称为"万国建筑博览馆"是很恰当的比喻。世界主要的建筑风格都可在上海见到，有希腊式、西班牙式、意大利式、英国式、法国式。曾在欧洲流行的复古主义建筑，在上海也有样式。

（三）美食

古人言，民以食为天。长江流域饮食文化近 2000 年来在中国居领导潮流的地位。饮食文化是以生产力为基础的，与资源物产和自然环境相关。唐以来长江流域自然条件对于人类生息总体上是十分优越的，生物资源多样性十分明显，所谓"衣食不期而至"，人类的基本生存十分容易，有更多的时间研究饮食文化，为烹饪文化的发展创造了条件。

在中国古代文献中，记载稻的种植与人民食用也主要是在长江流域，如《周礼》中就认为荆州、扬州"其谷宜稻"。荆、扬之地处于长江中上下游地区，在春秋战国时期分属楚、吴、越，是著名的水乡泽国，《史记》叙述这里的饮食生活状况为"楚越之地，地广人稀，饭稻羹鱼。"《汉书》中也认为："楚有江汉川泽山林饶……民食鱼稻，以渔猎山伐为业"。可见，稻谷一直是长江流域人民的主食，水产品则是主要副食。

通天河转向南流，进入西藏和四川交界处的深山峡谷之间，称为金沙江。金沙江穿过云贵高原北侧，流到四川省宜宾市，就进入四川盆地。当它和北面流来的岷江在宜宾汇合之后，才称为长江。长江从源头到此地，已经奔流了近 3500 千米，由于这些阶段，地理环境恶劣，人口不多，在历史上，民众的饮食仅能维持生存。难以形成文化特色。而宜宾以下，俗称长江的江段有 2800 多千米，人口

稠密，长江流域饮食文化脍炙人口的万千风味，如川菜、湘菜、徽菜、苏菜、鄂菜、沪菜等，都是在长江的滋育下发展起来，并在这里展示开来的。

1. 长江上游的美食

长江上游是指长江源头至湖北宜昌这一江段。它涉及西藏、青海、云南、贵州等地。长江的源头位于青藏高原腹地，这里地势高亢，空气稀薄，气候恶劣，交通险阻，人迹罕至。长江的正源沱沱河，南源当曲，北源楚玛尔河都发源于此。这三大源流汇合在一起以后，人们称之为通天河。通天河流经青海省玉树地区，这里日照充足，空气清新，河畔有绿茵茵的开阔草滩，是长江流域的重要畜牧区，因此，这里人们的饮食品种主要是牛羊肉、糌粑和酥油茶，具有独特的民族风味。

云南地处我国西南边陲，为青藏高原的南延部分，是一个高原山区省份，长江从云南的西北部穿行而过。云南省有 25 个民族，是我国民族种类分布最多的省区之一，其饮食也是丰富多彩。滇菜，也就是云南菜，它由昆明、滇南、滇西、滇西南菜和滇东北等几个区域菜所构成昆明菜。昆明为云南的省会，昆明城已有 2000 多年的历史，历代又无大的毁灭性战争，市区逐步扩大，烹饪技艺也不断提高。宋朝以后昆明又是云南政治、经济、文化中心。昆明菜除在明代末年受长江下游诸省较大影响外，近代以来，又吸收了川、鲁、粤、苏等菜的高超技艺，以它特有的地理位置和四季如春的特点，较充分地发挥了滇菜用料广泛，鲜美时新，品种多变的特点。滇东北菜这里交通较为方便，接近内地，与中原交往较多，烹饪技法受其影响较深，特别是与四川接壤，其烹调口味近似川菜。滇西和滇西南菜这里与西藏及泰国、缅甸、老挝接壤，少数民族众多，形成聚居少数民族菜点，如清真菜、傣族菜、白族菜、哈尼族菜、纳西族菜等。滇南菜这里雨量充沛，气候温和，自然资源丰富。特别是修建滇越铁路以后，交通十分方便，城镇人口猛增，饮食业十分兴旺，如"过桥米线"、"汽锅鸡"、"石屏烧豆腐"、"鸡丝草芽"均源于此。

四川菜以其悠久的历史、广泛的取材、多样的调味、繁多的菜式、宽广的适应面而在中国饮食领域中素享盛誉，为世瞩目。俗话说："五味调和百味香。"川菜的味型多，富于变化，不仅为食客称道，也为行家赞美，享有"一菜一格，百菜百味"之美誉。川菜的风味是清、鲜、醇、浓并重，并以善用麻辣见长。川菜不仅有丰富的味型，而且在一种味型里，还有若干口味的差异，变化之精微细腻，令人叫绝。

四川菜历史悠久，由于四川地形地貌复杂多样，平原、丘陵、山地兼有，气候垂直多样，物产也是多种多样，饮食自然背景相差较大，造就了四川菜品味独特而流派众多的特色。

一般认为近代四川菜分成都、重庆、大河、小河、自内五大流派，但现在各自的特色并不十分鲜明。成都菜一般做工精细，用料讲究，长于麻味的烹饪，小吃较多，菜晶文化底蕴浓，而重庆菜由于陪都汇集八方风味，与川菜融合，创新能力强，特点是用料凶猛，大刀阔斧，江湖菜多，以火锅见长。其他大河味（帮）以江津、合江、泸州、宜宾、乐山菜品为主，主要以烹制江菜为主，用料较粗野，味觉厚重，生辣与甜酸结合。小河味（帮）主要指嘉陵江流域的绵阳、遂宁、南充、广元、达川、巴中等地菜品，长于传统菜，民间江湖菜影响也较大。自内味（帮）主要指自贡、内江、威远、资中、资阳等地，有一定的特色。

川菜总体上以麻、辣、鲜、香为特色，以味多、味广、味厚、油重为特色，百菜百味，长于中庸收敛，尤以炒、煎、烧、煸方式见长。著名的川菜以回锅肉、鱼香肉丝、麻婆豆腐、夫妻肺片、宫爆肉丁、水煮牛肉、蒜泥白肉、合川肉片、江津肉片等为代表，重庆毛肚火锅名气十分大，江湖菜也是新潮不断。

2. 长江中游的楚乡美食

湖南菜简称湘菜。春秋战国时期是湘菜的形成时期，到秦汉时期，湘菜逐步形成了一个从用料、烹调方法到风味风格都比较完整的体系，具有用料广泛，取材精细，刀工讲究，烹饪技法重煨、靠、熘、炒、爆、炖，味别多样，菜式适应性强等特征。湘江流域菜以长沙、衡阳、湘潭为中心，平原丘陵相间，物种丰富，是湖南菜的主要代表，主要以油重味辣，煨、炖、炒、蒸为主，腊味菜在菜品中比例较大，代表菜有"海参盆蒸"、"腊味合蒸"、"走油豆豉扣肉"、"麻辣子鸡"等。而湘西菜多以山区野味为原料，同时烟熏的各种腊肉，与城市的腊肉风味不同，口味以酸辣著称，如"红烧酸辣"、"板栗烧菜心"、"湘西酸肉"、"炒血鸭"等。

洞庭湖区鱼类资源丰富，以烹制各种河鲜、家畜、家禽著称，口味咸辣香软，其中火锅炖菜特别多，著名的菜有"洞庭金龟"、"网油叉烧洞庭鳜鱼"、"蝴蝶飘海"等。

湖北菜亦称鄂菜、楚菜。如果说"味在四川"的话，那么，可以说"鲜在湖北"是不为过的。鄂菜在楚文化的影响下，凭借"九省通衢"和"千湖之省"的地理优势，形成了以水产为本，鱼馔为主，口鲜味醇，秀丽大方的特色，适应面十分广泛。鄂菜起源于江汉平原，是我国最古老的菜系之一。鄂菜在烹调技法上，蒸、煨、炸、烧应用最广，也最为拿手。鄂菜现有菜点品种3000多种，其中传统名菜不下500种，典型名菜点不下100种。"沔阳三蒸"、"清蒸武昌鱼"、"东坡肉"、"瓦罐鸡汤"、"蟠龙卷"、"腊肉菜苔"、"千张肉"、"皮条鳝鱼"、"红烧回鱼"、"桔瓣鱼氽"等等，无不为鄂菜之佼佼者。豆皮、汤包、东坡饼、热干面、散烩八宝、面窝等皆为湖北小吃之精华。而在这众多的名菜点中。"武昌鱼"则被誉为"鄂菜之冠"，"老通城豆皮"被誉为"湖北小吃之王"，至今在国内外还享有有极高声誉。

3. 吴头楚尾的赣皖美食

江西位于长江中下流交接处的南岸，负江带湖，翠峰环立，沃野千里，风光绮丽。江西气候温暖，日照充足，雨量充沛，无霜期长，具有亚热带湿润气候的特点，加上江西河湖众多，适宜种植水稻和发展水产业，故江西一向也被誉为美丽富饶的鱼米之乡。江西在秦汉时期，鱼米之乡的特色已趋明显，它的饮食文化就是在保持自身特色的基础上，又取八方精华，从而形成了今日有独特风味的赣菜。

赣菜是由南昌、鄱阳湖区和赣南地区菜构成。这三地菜肴的共同特色是：味浓、油重、主料突出、注意保持原汁原味。在品味上侧重咸、香、辣；在质地上讲究酥烂、脆、嫩；在烹调上以烧、焖、蒸、炖、炒见称。炒菜重油，保持鲜嫩，如赣州名菜"小炒鱼"。蒸或炖的菜，保持原汁，不失原味，既保全营养，又有补益，如"清蒸荷包红鲤鱼"、"清炖乌骨鸡"。

安徽菜地跨长江南北，北过淮河，地貌多样，形成了皖南、沿江和沿淮三大体系，但尤以皖南菜为代表。皖南菜以烹饪山珍海味见长，擅长炖、烧，以保持食物的原汁原味，而沿江菜则以芜湖、安庆为代表，长于烹制河鲜、家禽，用糖比例相对较大，烟熏技术一流。沿淮菜则处南北交界之处，有北方菜系咸味重的特点。

4. 长江下游的江浙美食

俗话说："上有天堂，下有苏杭。"那么，我们也可以说，扬州、苏州、杭州等地的饮食，也是长江下游地区饮食的天堂。

杭州的饮食风味，比较接近于苏州，而较异于扬州，因此，我们这里着重将淮扬与苏州的饮食风味作一介绍。淮扬菜在漫长的历史发展中，形成了自己独特的风格，主要有以下几个特点：第一，选料以鲜活、鲜嫩为佳，并且十分讲究根据不同时令选取原料。如食用青菜讲究取心，苋菜讲究取嫩，冬笋讲究取其尖，野鸭讲究取其脯，虾、蟹讲究取鲜活等。第二，调味讲究清淡入味，尤其重视

本味。淮扬菜的荤菜增鲜，一般是使用清鸡汤或虾米。素菜增鲜常使用豆芽、蘑菇、笋子、笋汁、笋粉，以保证菜肴的味正汁醇。第三，在保证口味的前提下，做到色泽鲜明，浓淡相宜，清爽悦目，使食者在未动箸之前，先得到美的享受，从而精神愉快，食欲大开。第四，注重刀工、火工。如"鸡汁煮干丝"，就是将普通的豆腐干，用刀批成片，片片薄如纸。然后又细切成丝，丝丝细若线。在火工方面，淮扬菜以炒、溜、煮、烩、烤、烧、蒸等为基本烹调方法，擅长炖焖，所制菜肴酥烂脱骨而不失其形，滑嫩爽脆而不失其味。

以苏州为中心的苏南饮食文化圈，主要包括太湖平原，以及阳澄湖、泖湖、鬲湖周边风味，其影响远较行政区域的"苏南"为大。太湖的船菜极富特色，可以称之为湖上的水产筵席。人们泛舟湖上，不仅可以观赏湖光山色，而且可以品尝太湖盛产的各种名鱼。太湖清水虾，肉嫩味鲜，举世闻名，既可以清炒，也可以煮食，还可以生吃。正是由于苏州处于太湖之滨，所以苏州菜特别善于烹制河鲜之物，这与扬州菜略有不同。苏州及苏南地区的名菜主要有："松鼠鳜鱼"、"雪花蟹斗"、"母油船鸭"、"早红橘络鸡"、"鱼桃肉"、"乳腐肉"、"宜兴汽锅鸡"、"常州糟扣肉"等。这些菜肴，远近闻名，脍炙人口，不仅色、香、味、形俱佳，并随四季的变化而变化，冬季色浓而不腻，酥烂脱骨而不失其形，夏季则色清而不淡，滑嫩爽脆而不失其味。

5. 东西交融的海派美食

所谓海派文化，是近代学人对上海近代文化所作的概括，"海"是襟怀宽阔，包罗万象的意思，用以形容近代上海文化倒也十分贴切。就饮食风味而言，近代上海不仅具有全国各地风味餐馆，而且西式餐馆也是全国最多的，再加上由此派出的中西合璧之风味，真可谓是丰富多彩，琳琅满目。

上海是西方侵略中国的最大基地，也是传播西方文明的最大窗口，因此，它受西方文化的冲击最大，影响最深，并且产生了风格

独特的海派文化，以作为对西方文化的回应。正是在这种大的文化背景下，海派饮食文化也渐渐地生长、发育、成熟起来，并形成了适应性广、制作精细，中西合璧等海派特色。

海派饮食文化特色的形成是有一个历史过程的。众所周知，鸦片战争之后，上海成了移民城市，上海本地人在全市人口的比例急速下降。在客居上海的人群中，均是结帮而居，他们对自己家乡风味的渴望，促成了一家又一家地方风味饭店开张。这些饭店都以某地方菜相号召，从老板、厨师到供应的饭菜全是道地的原籍风味，服务对象也主要是家乡的父老乡亲。就风味菜而言，就有广、扬、京、川、苏、锡、杭、甬、徽、鄂、潮、湘、闽、豫、清真、素菜等十多种。不仅如此，西方风味的食品也渐渐受到人们的欢迎，西式餐馆日渐增多，所以，近代上海的饮食市场是各地、各国风味应有尽有。

在引进各地风味菜肴并逐步形成海派饮食过程中，我们不仅可以清晰地看到东西南北饮食文化交融的轨迹，而且还可看到中外饮食互补的影子。上海以其"百川归海"的博大胸怀容纳了各国、各地、各帮的佳肴，同时又以极大的可塑性改造了这些佳肴，使其最终形成了独具特色的海派饮食文化。如今的上海菜可谓是：清新秀美，温文尔雅，风味多样，富有时代气息。各种风味荟萃，并糅进了上海的风土人情，历史文化，适应不同层次的消费对象。

（四）服饰

长江流域民间服饰之所以千姿百态，奇艳芬芳，一个重要因素，是与祖祖辈辈休养生息在该地区，各民族人民赖以生存的自然环境和所采取的生活方式有关。地理、气候、物产等都影响和制约着各地各民族的服饰。长江流域是一片神奇的土地，这里的服饰奇葩竞放。

青藏高原，号称"世界屋脊"，高海拔、高辐射，低气压、低气

温，空气稀薄，温差极大，如此恶劣的自然环境，会使一般人很难适应。然而，藏、羌、门巴、珞巴等民族却世世代代在这里居处。那散发着酥油味的皮袍厚毡内，隐藏着一种带有几分神秘色彩的文化，甚或会让世界惊愕而迷茫。

云南、贵州，人称"秘境"之地。素有"亚洲大陆水塔"美喻的云贵高原，许多著名的河流都以这里为中心，呈放射状流向四方。它们将五色土劈开、分割，大山横断，沟壑密布，在河流从海拔6740米高峰向海拔仅76米的河谷跌落的梯级上，高低悬殊，寒热各异，幻化出形态各异的自然奇观。正所谓"一年分四季，十里不同天"，而居处生活在这山林河谷中的民族又很多，故衣着装扮迥异而多姿。又因为"十里不同天"，所以"一山不同族"，其服饰也就常常是隔山而不相同了。

被列为中国四大盆地之冠的四川盆地，又称"天府之国"。这里属亚热带气候，冬暖夏热，适宜种植多种植物，自古农桑发达，纺织、丝绸业兴旺，所以，古代蜀锦"其价如金"，而蜀地则"女工之业，覆衣天下"。

荆楚大地，环境独特，有山地、丘陵、平原、湖沼、河流，自古就兼收南稻北粟之利，熔夷夏文化于一炉，其服饰风格浸润了楚骚文化的浪漫气息。

吴越地处三江五湖，是富饶的江南水乡。"上有天堂，下有苏杭"，这是人们对吴越地区的最好赞语。该地区气候温和，自然条件优越，农业和蚕桑业历来很发达，长江之水滋养了这里的丝绸、染织和刺绣，使服饰清新自然，充满了水乡情调。

生活在长江流域这片神奇土地上的各民族，在数千年的生息、开发、迁徙、流变中，创造了让人们惊叹不已的精神文化和物质文化，在服饰上莫不如是，真是说不尽，道不完。

1. 五彩缤纷的西南地区

西南地区作为一个相对独立的地理单元，汇聚着约30个民族，

各个民族有各自的服饰风格，有各自的服饰特色。要想把这种跨民族、超时空的带有明显区域性特征的服饰特色概括出来，并非易事。我们所能做到的，是从那纷繁多姿、万紫千红的西南服饰大观园中，采撷几瓣花朵，供读者欣赏，并从中领略五彩缤纷的西南服饰特色。

（1）富有情趣的青海藏区服饰

青海藏区的服装具有渊源久远的历史。在漫长的历史流变中，藏服的形成和发展，受着地理气候、生产方式、文化背景、审美情趣诸方面因素的影响，有着自己独特的式样，形成了青海藏区的地方特色。

藏 袍

藏袍是藏族最普遍的服装，基本结构是宽、长、大。穿上这种大襟的袍服，行路时怀中可揣入许多随身物件，夜间解开腰带和衣而眠，裹盖全身可当被褥。青海藏区有句俗话："汉民的铺盖在炕上，藏民的铺盖在身上。"说出了这种服装的基本特征。青海藏区的袍服的最大特色是非常讲究边饰。一般都要在衣边和袖口处用橙、黄、绿、蓝、靛五色氆氇镶成一寸宽的花边。这种依次递增的竖立色块，宛如天上彩虹降落人间，给人以一种跳跃的感觉，构成了明快而和谐的美。有的袍服则用豹皮作边饰。据传，这是吐蕃王朝的军旅习俗，为奖励在战场上英勇杀敌的勇士，军队首领将虎豹皮斜披于肩上，作为战功的标志，其后便演化为服饰的装饰部分而代代流传。也有用水獭皮作边饰的。镶边的水獭皮有一两寸宽的，也有五六寸宽的，水獭皮色以灰褐为贵。在隆重的集会上，能穿上一件宽边水獭的袍服，无疑会增添光彩，令人刮目相看。

以宽、长、大为基本特征的袍服，行走很不方便，因而紧身束袍的腰带就成了不可或缺的腰佩之物。青海藏区把束腰带当作是件极庄重的事情，特别是一种给新郎扎腰带的典礼，更是别有情趣：当某个小伙子到姑娘家入赘，在婚礼上，岳丈大人要在众宾客面前为新郎举行一个扎腰带的仪式，并亲手为女婿把腰带扎好。

青海藏区的牧民最喜欢穿传统的牛皮藏靴。这种靴长及膝盖，夏天可以防雨，冬天能够踏雪，骑在马上便于踩蹬，很适应牧区的自然气候、地理环境及游牧生活方式的特点。靴的种类、形制也越来越多，如新式长筒马靴和高革幼皮鞋，也逐渐为青年男女们的喜爱。特别是有一种被称为"格洛"的花藏靴，更具有浓郁的民族特色。这种靴的底和帮是用牛皮做的，靴筒则用彩色氆氇，鞋尖向上高高翘起。靴筒装饰风格各异：有的以强烈的对比色条相配置，具有粗犷明快的格调；有的以纤细的相关色组成，流露出娴雅温柔的情致。在这些彩条中，又夹杂着十字纹作的装饰，用各种色条把它们分成单元，构成一组组美丽的图案，给人以雅丽、明媚、娴适、柔和的快感。这种花藏靴既是实用价值的装备，又是精美的技艺杰作，是青海藏区牧民们尤其是妇女们的心爱之物。

花袖烂漫飞彩虹。青海互助等地土族人民的服饰，最有特色的是青壮年妇女的花袖衫。这是一种小领斜襟长袍，双袖是由红、蓝、黄、绿、紫五色彩布或彩圈逐段镶接而成。以彩虹的色调为模式设计

土族人民的花袖衫

的花袖，五彩缤纷，色调和谐，穿在身上，美观大方。特别是走路双手摆动时，两只花袖恰似彩虹流动，十分耀眼夺目。据说这几种

颜色带有象征意义：蓝色表示天空，红色象征太阳，绿色代表大地，等等，表达了土族人民对大自然的热爱和对美好生活的向往。

妇女们穿着彩袖长袍时，一般还会在这种外衣之上再套上黑色或紫红色或镶边的蓝色坎肩。腰部系上宽而长的绫绸彩带，彩带两头有长方形的带头花卉刺绣，或盘线扎成的各种吉祥图案，下穿镶有白边的绯红褶裙。裤子的膝盖以下部分，套着蓝色或黑色的一节套裤，土族称之为"帖弯"。脚上穿的花鞋，各式各样，有刺绣花，有拉樱花，有盘线花……真是五光十色，应有尽有。在青海地区服饰文化的大观园中，土族妇女的服饰自成特色，尤其是彩袖衫，可谓一枝独秀。

在我国西藏喜马拉雅山的东南坡，有一块山水相连，层峦叠障的地方，西靠不丹，南邻印度，东接珞瑜，北依藏区，地势低洼，气候温和，土地肥沃，物产丰富，人们把这里称作"门隅"，意思是"低洼之地"，又叫做"白隅"，含有"隐藏着的幸福之地"的意思。这里是门巴族生活的地方。

相对封闭的自然环境养育出了门巴人淳朴和善的性情，他们在接受藏文化影响的同时，逐渐形成了自己的文化特点。门巴人十分重视自己服饰的美，在衣着打扮上，显现出丰富充实的内心世界、生活热情、民族活力和对大自然的审美情趣。在绚丽多姿的门巴服饰中，有一种很独特的披饰——小牛皮披。

这种特殊的装束流行于上门隅一带。在上门隅，无论是白发苍苍的老妇，还是天真烂漫的小姑娘，背后都要披一张完完整整的小牛犊皮。小牛皮的毛向内而皮板朝外，小牛皮的头部向上直抵颈项，牛尾巴朝下，四肢向两侧伸展着。每逢节日、集会、婚礼，或迎客会友，门巴妇女必定换披一张新牛皮，就像换上新装一样，喜悦之情溢于言表。

披小牛皮是上门隅门巴妇女的美饰。门巴有句谚语说："'多'藏在数目中，'美'藏在装饰中。"上门隅的门巴妇女自古以来就从

事牧业生产，是牧业生产的主体，在牧业生产中享有特殊的荣誉。而男子主要从事狩猎。所以，上门隅的妇女披小牛皮，既反映了对牛的原始崇拜，同时又记录了妇女在牧业生产中所取得的历史性功绩。在上门隅，人们都把头戴门巴小帽和身披小牛皮看做是美的标示。

（2）黔东南的革家蜡染

在黔东南苗族侗族自治州，居住着七八万革家人，算是苗族里独特的一个分支。这里的蜡染世代相传，是深受世人喜爱的服饰材料。

革家人民风淳朴，习俗奇异，服饰文化别有情韵。特别是蜡染艺术，更为服饰文化增加了光彩。贵州是中国著名的蜡染之乡，而革家妇女又素有蜡染的传统。平时，村姑农妇三三两两，或聚坐在厅堂里，或围于树荫和瓜棚豆架下，俯身蜡染布板上，专心致志地做蜡染。她们用铜片制成的蜡刀，从温在灰炉中的瓷碗里沾上蜡液，描画在白布上。蜡液落布即干。画毕，便将蜡布放进蓝靛缸里浸染。由于用蜡液描过的地方染不上色，所以，待煮沸脱蜡和漂洗晒干后，就可以显出蓝底白花的各种花纹图案来。

革家蜡染，布局对称，图案美丽，显示出革家人丰富的想象力和高超的技艺。各种各样的图案，都有特定的寓意：或记述着优美的传说，或记录了革家的历史，或寄托着对美好事物的向往，或预示对未来生活的追求。例如，古代革家人为躲避战乱而潜入深山，先民曾在蝙蝠栖息的山洞居住过，于是便对蝙蝠有了特殊的感情。又如，铜鼓不仅是节日欢舞时的伴奏乐器，更是财富、权力和神圣的象征。再有就是猎犬是山民出猎时的忠实助手和朋友，游鱼、飞鸟象征夫妻恩爱，家庭幸福，于是，它们便都成了革家蜡染图案的主要内容。

在革家村寨，关于蜡染图案、纹样的传说很多。比如有这样一个传说：远古时代，每天都有七个日头同时出来，晒焦了大地和万

物。为了不让日头晒烤，一位善射的革家英雄，张弓搭箭射向日头，一连射掉了六个，剩下一个日头慌忙躲了起来，再也不敢出山。这样一来，世界成了一片漆黑。后来，幸得公鸡高声啼唤，好不容易才把那个吓得躲起来的太阳公公请了出来。从此，天下恢复了光明，并孕育出宇宙万物。于是，人们为了不忘公鸡的功劳和太阳的恩赐，就用公鸡、太阳纹样来装饰自己的衣裳。

蜡染被广泛用于革家人的人生礼俗之中：如处于热恋阶段的姑娘，依习俗要以自己制作的蜡染布帕、雨伞袋和腰带，作为爱情的信物赠送给心上人；新娘出阁时，依例要穿上自己染制的头帕、衣裙，以显示自己的心灵手巧。可见，蜡染是黔东南革家人服饰文化一道最亮丽的风景线。

（3）蜀地织锦

话说蜀锦我国是世界上养蚕、缫丝、织绸最早的国家，2000多年前，精美的丝织品就远销国外，有"东方丝国"的美誉。而四川则是中国的一大蚕桑丝织基地，且历史悠久，特别是蜀锦，更是享誉海内外。

古代称四川为"蜀"，据说是因为种桑养蚕业发达。因为"蜀"就是"虫蜀"（野蚕）的象形字。古氐人以善织闻名于世，巴蜀正是古氐人诸部中文明鼎盛的代表。先秦以来，巴人以"布"著称，纳贡于王朝。而蜀人的"蜀布"更是名播遐迩。张骞出使西域，在大夏见到的就是商人们不远万里经滇历缅、跨越古印度贩去的蜀布、邛杖。

蜀锦是汉至三国时蜀都（今四川成都及其周边地区）所产特色锦的通称。在成都附近，有古锦官城，是闻名全国的蜀锦生产中心。汉代扬雄《蜀都赋》中曾有"自造奇锦"的句子，以赞美蜀锦。三国时，织锦生产是蜀国经济的重要组成部分，生产相当发达。当时，作为蜀国丞相的诸葛亮，对蜀地经济的开发，尤其是蜀锦的发展，起了极大的作用。他一面动员民众整修水利，扩大灌溉系统；一面

奖励种桑养蚕，设立锦官，专管蜀锦生产。

至唐和五代，蜀锦之盛更逾前朝，"新样锦"、"十样锦"等花色品种层出不穷。最著名的有宜男、宝天地、方胜、团狮、斗羊、对雉等。自古以来，蜀地织锦业的发达和其花色品种的繁多，不仅极大地丰富了本地区的服饰文化，同时也为中华服饰文化史页增色加彩。

民间挑花与蜀绣四川民间挑花是手工艺苑中一朵土生土长的奇葩，它历史久远，问世于商周时代，数千年来经久不衰，一直为人们所喜爱。以前，四川姑娘从小开始学挑花，上10岁便能在围腰、枕套上挑出秀美的图案。人们往往把会不会挑花作为衡量女子是否能干的标准，"谁家女儿巧，要看挑绣好"，挑花技艺好的姑娘会获得人们的称赞，受到小伙子的青睐。四川郫县素有"挑花故乡"之美称，许多妇女都以挑花、刺绣为业，出现了一批能工巧匠。四川的许多少数民族也喜爱挑花，如藏族、羌族、苗族的挑花技艺都很高超，并在各自的民族服饰里广泛地运用。

在现代印染技术传入中国之前，土法所产之布大多只有单色。人们为了增加服饰的美感，充分发挥聪明才智，用线在单色的土布上挑绣出各种美丽的图案，如花草虫鱼、飞禽走兽、树木果粮等，大多与人们的生活相关。而且造型能力高超，极精确把握住了原型结构，像人的各种动态如挑担、扛锄、放马、狩猎、舞蹈等，每个动作都能抓住最富于特征的瞬间。对动物的表现更是准确、自如：鹅的回颈探视，鸟的低头觅食，狗的伸首狂吠，鹿的奔腾跳跃，大角的牛，飞行的鸟等等，千姿百态。人们凭借丰富的想象，自由发挥：用花、果、粮等图案象征农业丰收；用双鱼图形表示吉庆有余；用水、荷花、鱼的图形表示和谐；用佛手和桃子的图形象征福（佛）寿（桃）满堂。

挑花是刺绣的一种特殊形式，四川民间挑花艺术的发展和繁荣为蜀绣的发展打下了坚实的基础。蜀绣是中国四大名绣之一，它与

江苏的苏绣、湖南的湘绣、广东的粤绣齐名。蜀绣以细腻严谨的针法、清秀淡雅的色彩、流畅优美的线条、中国水墨画的格调，构成了丝缕分明的艺术风格。早在东晋时，蜀绣便被誉为"蜀中之宝"，至清道光年间，形成了专门的蜀绣行业，当时成都科甲巷、九龙巷便有蜀绣作坊近百家。

人们运用独特的绣技，用彩丝在软缎上刺绣而成的蜀绣，品种多，用途广：既可用于日用品，如被面、床单、枕套、靠垫，也可用于陈设品，如屏风、壁挂，又可用于馈赠亲友的高级礼品，同时，亦大量用于衣服装饰上。那鲜明的图案，美丽的颜色，高超的技艺，无不令人叫绝。可以说，蜀绣是西南服饰文化中的一枝奇葩。

从前，四川人有爱包白头帕的习惯，特别是在广大的农村，不论男女，都用白帕缠头，甚至到如今，一些边远山区仍习俗如故。

关于包白头帕习俗的形成，在四川民间流传有多种传说：一种传说是与农民起义领袖张献忠有关。明朝末年，家贫年幼的张献忠帮马贩子赶马到四川。一次，马群路过财主家门口拉了粪，张献忠赶紧打扫干净，还用水冲洗地面，可财主仍不肯放过他，硬逼他用衣服擦干地上的水迹才让离开。此时正值寒冬腊月，只穿了一件破烂衣服的张献忠不知如何是好。正在这时，有个年轻人走到跟前，解下自己头上包的白头帕，递给张献忠，让他去擦干水迹。

后来，张献忠造反当了八大王，进入四川，想起了当年替自己解了围的年轻人，感到有恩未报，心中很不好受。他想了一个报恩的主意：下达军令，部下官兵见了包白头帕的人不准为难。这消息被老百姓知道后，就纷纷在头上缠起了白帕子。久而久之，这种临时为避难护生的装扮，成为一种习俗在四川保留了下来。

另一种说法是在四川居住的羌族人民为了纪念羌族英雄黑虎将军，渐渐形成了包白头帕习俗。流传得最广的说法，是来源于为诸葛亮吊孝。三国时期，诸葛亮辅助刘备，在四川成都建立起蜀汉政权。后又辅佐后主，鞠躬尽瘁。他在任丞相期间，奖励农耕，抑制

豪强，公正无私，为四川乃至西南地区的繁荣作出了贡献，而留给子孙的仅仅是"桑八百株，薄田十五顷"，赢得了老百姓的尊敬和爱戴。诸葛亮逝世后，老百姓十分悲痛，纷纷自发地为之披麻戴孝，寄托哀思。当时习俗，服孝要3年，人们身后拖着长长的孝布劳动，很不方便。于是，大家干脆把孝布缠裹在头顶，这样既可为诸葛亮戴孝，又不耽误活路。久而久之，这一装束形成一种世代相传的服饰习俗。

传说不可全信，但白帕包头确有妙处，既能防风御寒，又起装饰作用，还有一般帽子所不具有的用途：爱抽烟的男子，可以把烟秆插在头帕内；一些妇女则把针头、棉线卷在帕内，随时备用；出门在外，不需带包，就可用又长又宽的帕子包东西；抬重物或干力气活时，则可把头帕解下来，扎在腰上，作护腰之物；上陡山，下悬崖，如果忘了带绳子，还可用头帕当绳索应急呢！以往，四川一些地方还时兴用头帕作礼物，每逢红白喜事，互相赠送。用白帕裹头还有一些讲究，式样很多，如"缠三转"、"顶羊角"、"卷盘盘"等，各有韵味。

（4）滇地头饰花样多

云南洱源一些地方的白族妇女，喜爱一种名为"登机"的头饰。在白族话中，"登"即"顶"、"戴"之意，"机"是"吉利"的意思。"登机"上面，条形的银饰连接成方格图形，醒目大方，毫无细碎之感；那镶嵌在边沿的圆形银纽扣，线条分明，又富有立体感。一件"登机"往往是衡量一个姑娘是否心灵手巧的标志。因此，当女子长大成人的时候，一般都会亲手精心缝制一顶"登机"，作为心爱之物。每逢会客、赶集、探亲访友，或参加盛大的民族节日活动，或去和情人幽会，都必定会戴上它，以展示自身的才艺和风采。

在南涧彝族自治县，女子的头饰又别具一格。常常可看到一些青年女子后脑包头上高高崛起三枝鲜花，这就是彝族女子十分喜爱的"遮包花"。它用红、绿等色丝绸制作而成，看上去鲜艳夺目。用

这些花色配在缠好的包头上，每副遮包花在规则摆开的横枝上伸出三枝，每枝的顶端又有三朵盛开的鲜花，以中间的一枝较高，花朵较大。这种头饰一般是已订婚或结婚的年轻女子戴。所以，在彝族习俗中，男方送给女方的聘礼中，一定要有一副漂亮的遮包花。而女方得了遮包花之后，无论是参加"打歌"或者"朝山"等活动，总要戴上它。这样，一来可以显示自己的身份，二来也使小伙子不致找错恋人。

西双版纳地区哈尼族青年的头饰因年龄的变化而不断改变。姑娘们从步入青年阶段到结婚，一般要更换四次装束。从 15 岁开始，系上围裙和染红牙齿。一个村寨的同龄姑娘，相约同时在腰部围起由两片围襟组成的"纠章"，并染红牙齿，表示已步入青年阶段。间隔一二年之后，到十六七岁，摘掉少女的圆帽"欧厚"，改戴缀有银牌的"欧丘"，表明姑娘可以接受青年男子的求爱。进入 18 岁，则又改戴"欧丘"为"欧昌"，并在"欧昌"后部缀有银泡。

戴上"欧昌"表明已到结婚阶段，男子可以前往娶或"偷"。至于男子到 15 岁以后，也要染牙齿，摘掉少年戴的圆帽"吴厚"，改包头布"吴普"。有的地方，成年男子还包着艳丽的红布包头，结婚后才改用黑色包头布。

滇南哈尼族叶车（哈尼族支系）女子的安角头饰更是特别。叶车女孩凡到 10 岁左右都要梳发编辫，其式样是将长发往后分作三等分，再用三条两指粗厚的黑布条分别相互交错编辫，直到末梢。辫梢结有若干股长约 1 米的线绳，绳头系一大把蓬松的蓝线缨穗，下垂及肩。婚后，开始当家或生育的女子，必须除去辫子，安上一支奇特的独角，独角是用黑蓝布条卷裹成圆筒状，粗约两厘米，长约四五厘米，正对鼻梁安于额顶。弃辫安角是叶车女子人生中的重大转折，它标志着青春年华的逝去。因生育而安角的女子，心情是复杂的，有高兴也有叹息，当然还是喜大于哀。但凡不属生育而除辫安角的女子，那情形就大不相同了。开始安角时，总要痛哭一场，为姑娘生活的消逝而悲伤，为无忧无虑的美妙时光离去而叹息。不愿在夫家的女子甚至要进行竭力反抗，每当遇到这种情况，左邻右舍的婶娘们就像是完成一桩重大使命似的，"群拥而攻之"，众起而助之，按住媳妇手脚，强行安上独角。独角一经安上，再顽强的女子也会规规矩矩，不再哭闹反抗了，据说安到头上的独角是抛弃不得的。

2. 浪漫轻丽湘鄂赣

湖南、湖北及江西部分地区均属楚国故地，早在春秋战国时代，具有强烈进取精神的楚人，在开拓疆土时，奉行广采博纳的文化政策，广泛吸取中原文化、巴蜀文化、吴越文化的精华，熔夷夏文化于一炉而冶之，铸造楚文化多元性的"大一统"之辉煌。楚地服饰文化就是在这种环境和氛围里不断发展起来。楚人在服饰文化上充分发挥了奇特的想像和大胆创新，刻意追求服饰的华美和新奇；楚人洒脱浪漫的气质也深注到服饰文化中。这样，从总体上来说，楚地服饰文化表现出色彩斑斓、浪漫轻丽的地方特色，且千百年来本色无改。

（1）耀眼的银饰

生活在长江流域的苗、瑶、侗、彝、土家、布依等少数民族都酷爱银饰，特别是苗族、瑶族、侗族人民爱好银饰的历史十分悠久。

湘南瑶族妇女特别喜爱银饰，在她们心目中，银子象征光明、正气、富贵；身上佩戴银饰，据说邪鬼见了也怕三分。而且银器还有特殊的实用价值，即可识别毒气。对于山区民众来说，如上山捡菌子（采集野生植物），只要用头上戴的银针一试，就可知道菌子是否有毒，决定食用与否。正因为银饰的多种功能，所以瑶族妇女从头到脚，都有银器装饰。盛装时，全身佩戴的银饰竟达 60 种之多。银饰的类属有银冠、银花、银钗、银梳、银铃、银链、头簪、别针、耳环、项圈、胸饰、腰链、手镯、脚圈等等。其中尤以头饰种类最多，花色最为繁丽。一顶女子结婚时戴的凤冠，要用白银八两到一

斤，上面绘有七凤、七龙，由 130 多个零件组成。一个工匠要花三五个月方能制作完成，可以想见它的精细、别致、贵重。

湘西苗寨人们的银饰更是种类繁复，从其大类言之，有银帽、银衣、银披肩、银项圈、银胸饰、银耳环、银手镯、银戒指等，其中的银帽、银衣、银花等最富特色。纷繁多姿的苗族银饰，都是苗寨银匠手工操作制成，其上多有花纹图案，造型生动，制作精巧，在我国金银镶嵌工艺中占有重要地位。有一种俗称"雀儿窠"（苗语叫"纠"）的银帽，需银子 30 至 50 两，费数 10 个手工方能制成，实乃非富有者不能制。其造型，恰似汉族之凤冠。制作方法较为复杂，先用厚块布壳制成帽坯，上钉 9 块银薄片。后用银制虫、鱼、鸟、兽以及牡丹、芍药、菊、桂等花卉，系于银丝上端，连缀成一朵朵银花，满植于帽上，摇动如生，势若欲走欲飞之状。银片有的镀金，有的着彩，闪烁辉煌，赏心悦目。帽顶上面，植银制长羽一对，亦有插一枝伞状的银花束。帽檐有二龙戏珠或其他花纹。帽前边吊以飞蝶花苞，再用水银泡子联成网状，约 4 寸长，适齐眉额。银帽后面也是由鸟、兽、虫、鱼、花、藤各项，层层连缀，长约 2 尺有余，吊齐衣边。如此富丽纷繁的银帽，一般只有富家女子在出嫁或接龙盛会时戴。所以，这种银帽又谓"接龙帽"。尽管这样的银帽不多有，但从艺术的角度来说，这种精美的民间服饰物品，真叫观赏者爱不释手，赞不绝口。

湘黔桂边界的侗族银饰种类虽不及苗族多，但亦不算少，且很别致。特色最为突出的是儿童的银帽。银帽的纹样图案，从天上到人间，从禽兽到花草，五彩缤纷，银光闪耀。尤其是帽檐的装饰，分上下两层，上层嵌着十八罗汉，下层十八朵梅花并列，排列整齐有序。它们的含义和象征是：十八罗汉护身，鬼神不敢近；花开富贵，吉祥如意。不过，在腥风血雨般漫长而黑暗的岁月里，这种象征和吉兆，仅仅是侗家人对孩子们的一种善良美好的祝愿罢了。银帽靠两鬓各饰一个银制月亮，"月亮"正中有的嵌双龙戏珠，丹凤朝

阳；有的嵌吴刚伐桂，嫦娥奔月。"月亮"周围以水波浪和彩云绕边，两个"月亮"下各镶一头雄狮，狮子脚踏银球，仰头望月。造型栩栩如生，形象逼真。在银球中间，穿上一条银链，佩带两鬓旁，以护其帽，银链可松可紧。帽顶绣花草，上嵌精翠银珠。帽后围有7～11根银浪，尾端镶老鹰爪、葫芦、金鱼、仄子、四方印、响铃等装饰，当小孩子走动或摆头时，银浪就会互相碰击发出悦耳的响声。

以上所举几个少数民族酷爱银饰，有两个突出的特色：一是以多为美，以重为贵。湘西新晃侗族姑娘身上的银饰重量少则几两，多达数斤。侗乡有一首歌谣是这样唱的："孔雀展翅美中美，妹戴银饰花上花。银装越多花越美，朵朵红花映彩霞。"再是南方广大少数民族喜爱银饰，是建立在特定的物质基础和民族心理基础之上的。我国南方许多地区的金、银矿产丰富，冶铸历史悠久。《苗族古歌》中的《运金运银》、《妹榜妹留》等部分，对上古时期苗蛮集团（部族）妇女的银饰就有生动的描述。春秋战国时期，金、银已运用到兵器、车器、食具、服饰等物品方面。屈原的《招魂》等作品，对楚宫的珠光宝气、艳饰姝丽有很多的描述，无不给人们留下深刻的印象。湘、鄂、川、黔、滇、桂边界许多少数民族均深受楚文化浸染，因此，喜爱银饰乃是这些少数民族共同的心理。

（2）湖北的服饰风采

湖北地处荆楚大地，是古代楚国的政治文化中心。追本溯源，湖北服饰习俗传承了古代楚国的服饰文化。比如古楚人尚赤，千百年来，湖北地区民众也一直是喜爱红色。直至当代，许多地方的人们仍是不弃对红色的喜好，穿红衣、居朱室、漆红色的家具，这在江汉平原尤为突出。荆楚服饰文化传统，在湖北地区代代相因，可以说在漫长的封建社会里其变化甚微。即使到了近现代，因社会政治与经济发生了重大变化，科学技术长足发展，文化交融日渐频繁，各地生活习俗相互影响，致使湖北服饰习俗不断受到冲击而产生某些变异，但湖北服饰仍更多的受本省地理、气候、物产及人们传统

习俗的影响，仍有独特的荆楚风味。仅从下面叙述的清末以后湖北的民间衣着打扮，我们便不难看出其特点，诸如衣分男女，时分冬夏；因地制宜，因性别、年龄而异；崇尚款式，追求时尚等等。

先说头部打扮，包括帽子、发型、饰物等。清末、民国年间，流行的男帽有瓜皮帽、毡帽、礼帽、博士帽、风帽、三夸帽、包头。瓜皮帽分平顶、尖顶两种，老年人喜平顶，中、青年好尖顶。毡帽一般为老者冬季所用。博士帽多为文人学士、名流专家在夏季服用。礼帽为文人、绅士、商家、职员所爱好。风帽、三夸帽是下层人士冬季用品。包头在鄂西南颇为盛行。

此外，草帽在广大农村流行，每到夏日，不分男女老幼，均可使用。女帽有额子、勒子、夹耳帽、平绒帽、搭头袱子、包头。童帽品种尤其多，以颜色分有红、绿、蓝、黑、花；以形状论有虎、狮、猫、兔、狗、猪等动物头形及观音坐莲、遮阳帽等；从结构式样看，有圆顶、尖顶、空顶及斗篷、披风、扎花凉帽等。

至于发型，民国前男子一律蓄留辫。稍为不同的是官绅士商以长辫垂于脑后，农工劳动者多盘辫于头顶。女子以长辫为美，少女多梳单辫或叉角辫，中老年则以长发盘于头后作发髻。民国年间，农村男子多剪发剃成光头，而城镇商学界及公职人员有蓄短发者，如西装头、东洋头、披发等。女子发型变化多样，农家少女多独辫、双辫，婚后剪短辫，更多的是剪辫挽髻。中年女子多剪齐耳短发，再用发卡卡牢，到老年时又将发挽起，以发网兜着套住。大城镇兴烫发之风。小儿多光头，也有剃成"锅铲头"、"狗尾巴"、"马桶盖"、"三搭头"、"沙撮"之类发型的，不一而足，视地域不同而有差异。

饰物多为女子、儿童所拥有，大致有头簪、发拢、发勒、发网、插花、耳环、耳坠、项链、项圈等。在鄂西兴山一带，还流行女子额头烙痣。其痣圆而位正，大小如豆。据说这种习俗源自汉代，当时昭君出塞之前备受煎熬，于是，故里女子害怕再入宫廷，便纷纷烙痣破相以避之。此举相沿成习，流传下来。

再看衣着装束。清末、民国时期，男子上衣流行的款式有短褂、汗衫、棉袄、背心、马褂等。清末民间的上衣多为大襟，即自右前胸至左腋下开扣，民国年间多改为对襟。女子上衣种类与男装略同，但款式有别，且颜色更为花哨，质料更加多样，做工更为讲究。男女下裳式样比较单调，单裤、棉裤、套裤等，男女老少皆可服用，一般都比较宽大，穿用时，腰部打折，外系布腰带。短裤多为夏季中、老年男子服装，裤长过膝，且肥大宽松，穿之凉爽透风。

除上衣下裳外，衫袍亦为旧时湖北地区主要服装。男子多穿长袍，有单、夹、棉、皮之分，因季节而异。长袍多在乡绅、商贩及知识界人士中流行。女子有旗袍、披风、围裙。儿童有抱裙，冬季服用，主要是保护儿童的臀部、腰及腿不受凉。

清末民初，人们的服装穿着依身份不同而异：中上层男子多为大襟长袍，外套马褂；一般男子着灰色长衫，农村男子多于长衫之外扎一布腰巾。比较普遍的是：上穿短褂、短袄，下穿折腰单裤、棉裤、套裤、短裤。农村年轻女子偏爱花布衣，或大红、大绿衣服；城镇女子时兴琵琶襟和旗袍，西洋裙亦偶有所见。但遇有喜庆日子，着筒裙、百褶裙、绣花裙者大有人在。至民国中、后期，中山服、西服在城镇中、上层人士中开始流行，而青年学生喜穿制服、列宁服。童装形制花样更多，依地域、季节等具体情况而各有变化。

至于鞋子，大致是布鞋、棉鞋、草鞋、雨鞋之类。雨鞋有油鞋、木屐之分。布鞋的式样五花八门，大体上有浅口、深口、窄口、宽口、方口、圆口、有带及无带之分。

提到木屐，现今的城里人的确不知为何物。可是，但凡在湖北农村生活过的人们，对它却不会陌生。特别是湖乡，这种防滑鞋具几乎家家都有。

木屐的形制是木制底板，板底钉有寸把长的粗钉，板面前半都钉有皮子。每当下雨后，地面泥泞或潮湿时，人们脚穿布鞋，外套

木屐以防滑防潮。更为奇怪的是，鄂东南地区，有的农民朋友就地取材，常以竹节制成木屐状雨鞋，颇为实用。在农村，木屐是必备之物，主要为方便在走家串户时即穿即脱，十分便利，但不宜穿着走远路。

木屐的历史十分悠久。据传孔子穿的木屐，长达一尺四寸，或许是这双与众不同的圣人之屐太引人注目了，一次，他到蔡国去，晚上睡觉时，木屐竟被人偷走了。

最初的木屐，男屐方头，女屐圆头，"圆者顺之意"，表示女子依从男子。至南朝时期，穿木屐十分普遍，上至天子，下至庶民，莫不穿屐，但不用于正式场合，多为家居的便装和登山游玩的鞋具。木屐底部配有三齿，前二后一。上山拔去前齿，下山拔去后齿，便于人体的平衡。到了宋代，南方穿木屐已很普遍。

木屐常用于登山涉水，在泥泞粗粝的道路上使用，所以人们制造它时，充分考虑了其坚固耐磨的性能。只是现今的木屐，不再用于登山越岭，人们远游使用的是时髦的旅游鞋。而下雨天乡村的泥土路，下雪天农家的房前屋后打滑，最适宜的行走工具非木屐莫属。在湖乡广大农村，无论雨天雪天，只见乡村小道泥泞不堪，房前屋后泥浆一片，而家家厅堂却洁清干爽，不见拖泥带水，这都应是木屐的功劳。

湖北民间广泛流传挑花工艺，挑花制品也大量用于头巾、围腰、兜肚、衣裤等服饰上，甚至袜底、布草鞋上都有挑花装饰。挑花尤以黄梅乡下百里棉区的蔡山、胡世柏、新开口等处最为精美，其花样丰富多彩，富有地方特色，历数百年而不衰。黄梅挑花的纹样图案内容丰富，一般取材于现实生活，且大多与地方民风民俗相关联，以象征性手法寄托人们的企盼和理想，像"五谷丰登"、"夫妻和好"、"闹元宵"、"龙舟竞渡"等。还有如"鲤鱼闹莲"、"双凤朝阳"等，则是用吉祥纹样来表达对幸福的希望。图案严谨而活泼，多以团花为主体，再用角花、小盆花、边缘花加以充填，显得繁而

不杂。一般挑花绣在藏青色土布上，以白线为主，五彩丝线加以点缀，色彩鲜明夺目，且艳而不俗。

（6）湘鄂边境的服饰风采

在湘西、鄂西一带富饶的土地上，分布着近 600 万土家族人。秀丽的山水，温和的气候，润育出土家人特有的气质，培植了土家族别具一格的服饰文化。

湘鄂边境的土家族清朝以前男女服饰差异不大，几乎都是穿着对襟上衣和绣有花边的裙。稍有区别的是：男子的裙服较短，少花边；女子的裙服较长，多花边。男女均以布缠头为饰。清代"改土归流"以后，因官方禁止穿裙，土家族男女均改穿裤。女子喜欢穿青、蓝、绿等颜色的裤，上有一圈白色裤腰，裤脚一般为蓝底加青边，或青底加蓝边，后边再贴以三条宽度不同的梅花条。这一着装，显示出南方山区妇女特有的风姿。

土家族人能歌善舞，特别是摆手舞具有浓郁的民族风格。而摆手舞的着装更有特色：参与跳舞的各寨青壮年人一律穿黑衣黑裤，左襟下一排银扣把衣扣得紧紧扎扎的，各人手执弓刀枪矛，和着单纯而又响亮的鼓锣节奏起舞。这些黑衣战士们的背上，大都披有各色的"西兰卡普"（土家织锦，也称土花铺盖），以象征甲胄，这又给舞队增添了一份鲜亮的风景。

说到西兰卡普，就更值得一书。它那阳刚中带有几分妩媚的风格，因其在国内外独树一帜而为人所称道。早在 2000 多年前，湘西、鄂西一带就有了西兰卡普。土家族妇女用自己生产出来的家机布（古代称为"赛布"）编织出质地结实、美观耐用的西兰卡普。这种土家锦织工精细，图案丰富，色彩绚丽。据不完全统计，西兰卡普的纹样图案多达两三百种，其内容极为广泛，有花类如梭罗花、藤藤花、韭菜花、岩墙花、大白梅、小白梅、大莲逢、小莲蓬、荷叶花、牡丹花、绣球花、梨子花等，有家具类如桌子、椅子、摸盘等，有禽兽类如猪脚迹、牛脚迹、猴子、燕子、鱼、蛇皮、狮子、虎皮等。此外，还有一种十分别致的"回笔花"（"回笔"土家语意为"野兽"），是由猴脚、虎纹、马花、狼子头四种动物图形组成的。

西兰卡普主要用于衣服、被褥，如新娘出嫁做盖头，赶歌场作披风，还有围裙等，都是很别致的。西兰卡普是土家妇女最喜爱的服饰之一，它凝结着编织者的心血和艺术才能，也陪伴着编织者的喜怒哀乐与酸甜苦辣。土生土长、土色土香的西兰卡普是湘鄂边境传统编织艺术和服饰文化的奇葩，永远有着旺盛的生命力以及独特的魅力。

（7）赣州的木拖板和景德镇的白围裙

历史上，江西被人们称之为"楚头吴尾"。自古以来，在楚文化和吴越文化的夹缝中，江西文化得"左右逢源"之便，受到楚文化和吴越文化的"前后夹击"，其影响是强烈的。所以，早在先秦时期，生活于这一地区的先民就创造了丰硕的文化成果，如斜织机的很早出现和古代纺织印花技术的熟练掌握，就是江西先民对长江流域服饰文化的重大贡献。千百年来，江西地区的服饰文化也自成特色，这里不妨略举一二。

先说赣州的木拖板，很是有趣。所谓木拖板，顾名思义，是用木板做成，在古代又称"木屐"（与前面所述"奇特的木屐今犹在"中的"木屐"名同形异），是一种古老的拖鞋。

这种拖鞋适宜于夏天穿着，既简洁轻便，又凉爽舒适。无论身份贵贱，不管年龄大小，甚至没有男女性别的区分，人皆喜爱。一直到现代，赣州人都保持着穿木拖板的习俗。每到夏日，吃过晚饭，人们洗完澡，换上洁净的衣裳，再穿上木拖板，纳凉消闲，好不痛快自在。

关于木拖板，在赣州还流传着一个妇孺皆知的古老故事。那是春秋战国时期，吴越相争，吴王夫差为报杀父之仇，厉兵秣马，倾全国之力，与越王勾践所率领的兵马在夫椒（今江苏太湖洞庭山）

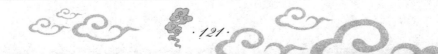

大战一场，结果是越王勾践一败涂地，成为阶下囚。在灵岩山中，勾践夫妇被去其衣冠，蓬首垢面，干着养马的苦差事，他们忍辱负重，被拘禁整整三年。

勾践六年（公元前491年），夫差被勾践装作臣服的假象所迷惑，亲自送勾践登上回国的马车。勾践回到越国，牢牢记住亡国之痛，石室之辱，为了不让舒适的生活消磨了自己的意志，他撤下了锦绣被，铺上了柴草褥，卧起、餐饮时都先尝一口悬在床头的苦胆，给后人留下了"卧薪尝胆"的箴言。他励精图治，发愤图强，一心想雪亡国之耻。他知道吴王夫差沉湎酒色，便让范蠡在若耶溪畔访得美女西施，献给吴王夫差，以进一步迷惑对方。西施天生丽质，她本是一个农家女，父母以砍柴、耕种、养蚕为生。相传，她的母亲在溪畔浣纱时，把一颗圆溜溜的大珍珠吞入腹中，由此怀孕，生下一女，似月宫明珠，光华美艳，取名西施。她从小喜爱穿木拖板在溪畔石浣纱，到了吴国，吴王夫差为了讨得绝色美女的欢心，便在灵岩山上造了一座富丽堂皇的馆娃宫，整日与西施逍遥作乐。夫差得知西施爱穿木拖板，为取悦西施，投其所好，于是便招来匠人，用名贵的梗梓木，在馆娃宫中造了一条"响屐廊"，让西施和宫女们穿上木拖板在廊中来回走动，以聆听那木琴般的美妙音响。吴王夫差就是这样天天沉湎于酒色欢娱之中，最后，吴国终于被越国打败了，夫差自刎而死。西施没有辜负故国的期望，实现了蛊惑吴王心志、消耗吴国实力的目标，为越国报仇雪耻、灭亡吴国立下了汗马功劳。然而，就在越国打败吴国的那场战争刚一结束，西施也神秘地失踪了，留给人们的是一个千古之谜。

现在，赣州市民爱穿木拖板的风习仍然很浓，特别是入夜以后，人们行走在那为数不多的鹅卵石路面上，或漫步在宽阔平坦的水泥路上，木拖板发出有节奏的"滴答、滴答"声，为喧闹一整天的城市的夜晚增添了几分韵律。

景德镇的白围裙也是江西一大服饰特色。这种白围裙，只是菱

草工人（即包装瓷器者）干活时才穿。茭草工人在包装瓷器时，身上必定要围上一条白围裙，并且都恪守一条不成文的戒律，白围裙只能好端端地围扎在身上，不能随意取摘下来，更不能用来垫坐，据说这种风俗是从清朝沿袭下来的。

清朝嘉庆年间，景德镇的茭草工人因不堪窑老板的压榨剥削，曾进行了一次规模不小的"打派头"（即罢工）运动，提出了"增加工钱、改善伙食"的正当要求。可是，黑心的窑老板不但不答应茭草工人的条件，并用钱买通官府，将打派头的领头人郑子木捉进衙门关押起来。

郑子木受尽了严刑拷打，始终不屈服，他暗暗告诫自己，窑老板若不答应工友们的要求，自己死也不带头复工。歹毒的官老爷便使用最狠的一招：叫人抬来一盆炭火，把一顶铁帽和一双铁靴放进去烧得通红，对郑子木说，你再不答应复工，就要你戴上这铁帽子，穿上这铁靴子。郑子木很清楚，这是要命的毒刑，一穿戴上就没命了，可他宁死不屈。气急败坏的官老爷把手一挥，声嘶力竭地大叫一声："给他穿靴戴帽"。郑子木就这样惨烈地倒在了官府。

郑子木为了工友们的利益付出了自己的生命，更加坚定了茭草工人们罢工的决心。最后，终于取得了打派头的胜利，窑老板不得不答应了工人的要求。全镇的茭草工人念念不忘郑子木的壮举，纷纷议论着要用一种理想的方式来纪念他。最后，采纳了一个工友的提议，用白布做成围裙，每天围在身上，既能时时刻刻都不会忘却郑子木，又便利劳作。从此，这种方式成为习俗，至今仍很流行。

3. 水乡情调皖苏浙

今天的江苏、浙江、上海及安徽、江西的部分地区，属于春秋战国时代的吴越之地。这里地处长江下游，气候温和，土地肥沃，河网纵横，雨量充足。得天独厚的自然条件和地理环境为该地区的物质文化创造，提供了理想的舞台。自古以来，吴越地区盛产麻、葛，纺织业十分发达，衣料生产水平独领风骚。由于该地区桑蚕业

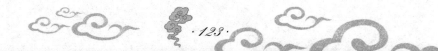

的发展，又使丝织品也成为人们制衣的重要原料。这都为吴越地区服饰文化的兴盛奠定了坚实的基础。吴越之地河流纵横交错，湖泊星罗棋布，水资源极其丰富，水稻种植十分普遍。《吴越春秋·勾践阴谋外传》载："春种八谷，夏长而养，秋成而聚，冬畜而藏"，可见早在先秦时期的稻谷品种已是多样。这种江南水乡独特的自然环境和劳作方式，既对人们的服饰提出了不同的要求，也为相应服饰的产生提供了可能，从而形成了鲜明的地域特色。

（1）江南水乡的劳动服饰

"江南"一般指江浙一带，是一个较大的地域范围。江南水乡的劳动服饰主要是指江浙一带广大农村的传统服饰。种田的农民，长衫大褂式的穿着是不适宜的，必须穿短装，才便于田间地头劳作。江南水乡一般都上穿短衫，下穿裤、裙。短衫又分对襟和大襟：男子多穿对襟，衣身为平面型结构，正领，横钉一字扣，五或七颗，以黑、灰颜色为主。女子多穿大襟，斜襟至腋下，领下一横形布扣，肩部大襟上一直形布扣，腋下三只横形布扣。颜色依不同年龄阶段而变化，艳色为未婚女子所喜好，婚后则多穿白、浅蓝、蓝色等素雅色彩，老年妇女则以蓝、灰色为主。

大腰裤是过去江南水乡人们最流行的式样。这种裤腰围特别大，腰部打折以后用布带束腰。大腰裤裤裆宽大，便于起蹲等动作。在浙江绍兴等地还有一种灯笼裤，裤腰裤管特大，因形似灯笼而得名。

裙子是江南水乡妇女最普遍的下装。过去苏州的习俗，妇女不穿裙而见客，哪怕是穿着长裤，也会被看做是大不敬。尤其是农村女子，无论老幼，几乎一年四季都离不了裙子。有一种较普通的裙子，称"作裙"，取时常穿着它在农田劳作之意。这种裙子制作比较简单，只用前后两幅布，缝边，上腰，钉上带子，即成。因其下摆大，穿在身上行动方便。腰带一束，将上衣收紧，冬天可起御寒保暖作用；夏天在作裙内穿条短裤，既雅观大方，又轻便风凉，还可保护皮肤，免遭烈日曝晒、稻叶划伤。如在野外劳动偶遇骤雨，还

可将它兜在头上，暂且当作雨具使用。

江南水乡的鞋子很有特色。遇下雨天，稻农们一般穿水草鞋、箬壳草鞋。还有一种"钉靴"，一般以布做成，用桐油反复涂抹，使它不浸透水，也有用牛皮来制作的。钉靴底下钉上一些塔钉，使其变得耐磨耐穿。绍兴有"三月初三晴，钉靴挂断绳；三月初三雨，钉靴磨断底"的农谚，这说明钉靴是江南水乡较普遍服用的雨靴。苏州也有类似习俗，苏州人以为农历九月十三是钉靴生日，要祭钉靴。这一天如果天晴，就有利于稻谷收获，如谚语有"九月十三晴，钉靴挂断绳"、"九月十三晴，不用盖稻亭"等。吴县等地还有一种"耕田鞋"，它是用厚实的粗布制成，鞋帮不但高而且还用细密的针脚缝过，上面连着袜子，一直到膝盖。这主要是预防耕田时蛇虫的叮咬，也可防止脚底被锐物划破。

江南水乡的农民，夏天戴草帽，冬天戴毡帽，雨天戴箬笠。其中以绍兴的乌毡帽最有特色。这种帽子是用羊毛为原料，制作工艺比较复杂：羊在剪毛前几天就要梳洗干净，羊毛剪下后，要将它分类、弹松，摊开压平，经过反复锤炼、上浆、洗置，再制成帽子。这种帽子用处大，既能遮阳避雨，防止潮湿；又能隔热保暖，抵御风寒，且牢固耐磨。除了炎天酷暑外，一年四季都能戴。人们在田间劳作休息时，还将它用来当坐垫，有时又可将它翻过来盛东西，当包使用。

江南水乡妇女为适应稻作生产的需要，时兴戴"勒子"或包头巾。这样，在田间劳动，头发不会被风吹乱。苏州地区称"勒子"为"鬂角兜"，是由两片状如半月的黑色帽片联结而成。

帽片多由黑缎或黑平绒等做面子，红绒布做里子，内夹薄棉絮。勒子戴在头上，前额压住发际，两侧护住耳朵、双鬂，干净利索。

在苏州吴县有个前戴村，这里女子服饰至今保持着江南水乡特有的传统服饰风貌：梳盘盘头，扎包头巾，穿拼接衫、裤，束（一说作）裙，裹卷膀，着绣花鞋，映衬出水乡女子艳而不俗的迷人风韵。她们世代承传，相沿成习，具有显著的江南水乡特色。

盘盘头，即是将头发挽成椭圆形发髻的一种发式。包头巾，是罩在头发上的小巾，最初为长方形的单色布巾，后来发展为多色镶拼的三角包头巾。拼接衫、裤，就是在制作新衣裤时，肩部、袖子、衣身、裤裆、裤腰等处用不同颜色的布料拼制而成。裙，一般是两幅布前后迭压做成，裙腰两侧多褶裥，缝制裙裥的针法灵活迂回，花费的针工也最多。裹卷膀，就是小腿上用布包裹，上下用带扎紧，如同绑腿一样。绣花鞋，是指在鞋帮的底部四周扎纳各种巧妙的几何图案，在鞋面上绣有剪纸型图案。

前戴村女子的服饰随季节、年龄和礼仪需要的不同而变化多端。如春秋季节，大致是：贴身穿短衫，多用月白布或白布缝制，内着兜肚。外面穿罩衫，均为大襟。青年女子的罩衫多用花布，中年则多用深浅士林布。一般是用两种以上花色布拼接缝制。裤子大多用蓝地白印花布或白地蓝印花布，裤裆至裤脚用蓝或黑色士林布拼接，脚管较小，里面用花布或浅色布贴边。

腰部的装束最具特色，分裙、腰头和穿腰三部分。裙束在罩衫外面，裙周边用浅色布或花布在正面滚边，背面贴边，可以两面穿着。系裙的腰带很长，在腰间绕一周后，至腰部挽结。腰头用两种颜色的布分三块拼成，两边用纽扣与穿腰相连接。它是束在裙外面的围裙。穿腰是与腰头相连的腰带，上面绣有各种图案花纹，更增加了服饰的美感。

夏季衣服质料以棉布和夏布为主，都穿兜肚，中青年用花布做，用红绒线和银链条将兜肚系在颈上，垂于胸前。气候炎热时在家劳动休息和纳凉，上身只穿兜肚。兜肚又称"胸褡"，形似单面背心，实际只是一块菱形料子，菱形上端两角连接上红绒线或银链子，系在颈上，垂于胸前，腋下两端腰带，结于背后，起到遮胸露背的作用。心灵手巧的姑娘还常在兜肚上镶嵌上各种美丽的花边。在那封建道学家将女性的身体予以神秘化的时代，女子裸露除双乳以外的

上身大部分身躯，这固然是为了适应酷暑季节的自然气候，但亦足见她们思想的开明程度及其对封建礼教的蔑视。兜肚的作用主要在于护胸，它使乳房紧贴胸部，减少了乳房的摆动，使妇女在劳作时感到利索轻快。它还类似现代女子普遍使用的胸衣，有着完美体形的妙用。

前戴村女子结婚时的服装打扮又别有一番风韵：女子在新婚期间，一般有三套必须穿着的服装。

第一套，是棉袄、夹裤，俗称"贴肉棉袄夹裤"，是男方迎亲时送给新娘穿的。新娘头扎黑绸面绒布里的"大兜"，正中镶宝石，两侧镶银饰件。上身穿翠兰绸大襟棉袄或夹袄，下身穿蓝绸夹裤，腰缠黑绸长裙和杏黄绸汗巾，也有用水红、粉红绸汗巾的。小腿裹织锦缎夹卷膀，足穿橘黄色纱袜，着"扳趾头"绣花鞋。

第二套，是行婚礼时的服装。通常是和花轿一起租来，仅供坐在轿内和举行婚礼时穿着。主要是一副珠冠和一件粉红色绣凤穿牡丹纹样的花衣、花裙。

第三套，是婚后一段时间日常穿着的服装，全用土布缝制。包头巾和罩衫都用靛青色土布。下身穿白印花土布裤，裤裆不拼接。腰束靛青色土布长裙，折裥简单，不绣花，不用穿腰。小腿裹桃红色土布卷膀，穿蓝印花土布袜，着"扳趾头"绣花鞋。浑身上下颜色显得较为深沉，式样简单。这种与众不同的装束打扮，使人一望便知是新婚妇女。

前戴村女子的服饰，具有典型的水乡特色，与她们的日常生活和劳动方式密切相关。江南水乡主要从事水稻生产，脚陷泥浆，手沾泥水，且大多是弯腰农活，如果头发蓬乱，劳动时散乱的头发往下垂，就会遮住眼睛的视线，而且会使脸上奇痒难忍，这时手上又沾满泥水，欲掠不能。为了防止在稻作生产时头发散落下来，农妇们就将头发在头顶挽成了结，这就出现了盘盘头。盘盘头梳扎紧密，纹丝不乱，弯腰劳作时省去了很多麻烦。勤劳的农妇，包一块头巾，

夏天遮阳防晒，冬天挡风御寒，还可防尘保洁。她们穿上紧身窄袖的大襟罩衫，干起活来，很是利索。到了割麦和收打稻谷时，麦穗、稻粒也不会落入身上，免遭稻麦芒刺之苦。

至于围裙，用场就更多了。在田间地头休息时，可以取下来垫在屁股下面；采摘蚕头等植物时，又可以将它当兜袋使用。平时操持家务，烧菜做饭，洗涮清理，有了围裙作外护，便不会把衣服弄脏了。裤子的裆特别容易坏，用较深色布料拼接，这样在田间劳动时，即使田埂上坐坐，既耐磨也不易见脏，还特别符合青年妇女的生理特点。

前戴村女子的服饰既保护身体，以利于生活和劳动，又注重美观耐看。她们代代相传，为了俏丽而在"显现"上做足了文章。充分利用服饰上的有限空间，巧妙地运用色彩对比，采取衬托、烘托、交错等手法，使原来单一的服饰色彩，一变为深中间淡，淡里有俏，俏中有艳，艳而不俗，既别致又美丽。尤其是"白色"的运用，更是恰到好处。白色本是雅洁的色彩，前戴村妇女把它用在衣服的领子、胸襟和袖子上，与蓝士林布拼接起来，对比鲜明，另具一格。黑色包头巾上白色、月白色、淡绿及粉红色等系带的自然飘落，以黑衬淡，以白破黑，使其色深而不闷，且变化有致。

前戴村女子有着独特的审美意识，她们把海裳、梅花、八结等纹样图案绣在包头巾的拼角上，绣在兜肚的胸颈部滚的宽边上；把藕、鱼、寿字等纹样图案绣在穿腰上。服饰上的滚边和绣花，既表现出水乡女子的心灵手巧，又表达了她们对美好生活的热爱、向往和理解。

随着时代的变迁，随着水乡生产方式的变化、经济的发展和人们物质生活、文化生活水平的不断提高，人们的服饰风貌也在发生变化。现在，前戴村年青一代身上，已渐渐看不到上述整套服饰的完整风貌，但那代代相承的水乡情调仍依稀可见。或许不久的将来，一些习俗亦有可能被淡化乃至淘汰，但这一富于水乡情调的服饰特色必定会在长江流域服饰文化史册上留下引人注目的一页。

（2）种类繁多的金华童帽

浙江金华的童帽，很久以前就以做工精巧、种类繁多而出名，且很有地方特色。据《浙江风俗简志》记载，在民国时期，金华的男女童帽多达数十种。

男童帽有：紫金冠帽，是仿古装戏剧中的紫金冠，用银打制成，多为有钱人家摆阔所制作。公子帽，又叫荷花公子帽，前面饰有荷花，后头饰上荷叶，帽前钉有银铸八仙，帽后是五个荷叶图案，每张荷叶上挂一个用细银链串成的铃，戴在头上叮当作响，俗谓戴了公子帽，长大以后可像公子那样文质彬彬，知书达理，求得功名。方中帽，底用青色的缎做成，前后用丝线绣上兰花、竹叶等，后面有两条飘带。狮子帽，帽前中间钉有一个银铸狮子头或"福"字，边上饰有花卉，帽上用金线花片做成狮子毛。狗头帽，帽两边饰有狗耳朵，帽前有的钉八仙，有的钉"长命富贵"、"金玉满堂"等字。这种帽子女孩也可戴，民间习俗以为戴此帽如家犬那样易于养育。说起这狗头帽，在江浙一带还曾流传过一个生动有趣的传说，大意是一对夫妻老来得一贵子，被狠心的弟媳抛于野外，后幸得家犬照料才死里逃生活了下来。为了感激家犬的救命之恩，夫妻俩给小孩做了一顶类似狗的形象的帽子，让小孩戴上，其中也含有福大命大之意。久而久之，也就流传下来。

女童帽有：月亮帽，此帽盖顶留有一圈孔，象征月亮，帽圈上钉了各种花片，帽盖上绣有牡丹等花卉图案，两边各饰一只花线绣成的寿桃，并用绿缎做桃叶相衬。船帽，帽的式样前大后小酷似船形，帽盖上绣梅花、桃花、石榴花等，帽围用一束束线挂起。荷花帽，帽圈前面正中有一朵荷花蕊，花蕊两边是花瓣，对称排列，相传女孩戴此帽能像荷花一样清秀美丽。鱼帽，帽圈前面有两个鲤鱼头相对，鱼尾巴顺帽圈编在后面，鱼用红缎做成，鱼鳞用金线绣成。石榴帽，帽圈前面饰一个石榴，石榴尖顶向下，两边是对称的石榴叶。

　　过去，苏州一带男子结婚时，帽子上常见一颗宝石。平时穿的马褂，纽扣多用珊瑚制作。城镇大商人常于胸前挂着金链或翡翠表坠等，乡下妇女富裕者戴金银戒指。

　　旧时，宁波地区的青年男女为了美观，时兴镶金银牙齿，主要有大包金、嵌金、银牙和嵌银等。女子多戴手镯、戒指、项链及耳环。手镯为玉制、金制或银制。戒指品种很多，有金制、银制，有镶各种翡翠、玉珠的。式样各异，有方型、泥鳅式等，还有一种在戒指上刻有名字的，称之为"名字戒"。孩童多戴银制手镯、脚镯，脖子上挂长命锁，或银制项圈。也有戴海贝壳的，俗称"海宝贝"，有的腰间还佩戴"宝玉"。

　　民国时期，浙江台州一带的佩饰也很特别。小孩出生7天以后，家中长辈就用一根红线系在新生儿的手腕上，认为这样可以避邪。有的人家还在红线上系银质小铃铛和棒状奶吮，让小孩吸吮，认为这样可以解胎毒。等到小孩满120天后，要抱到外婆家"过门"。初到外婆家要佩以银或铜制的小宝剑，外婆家要为外孙置办银制的小手镯和脚镯。沿海一带的乡民则在小孩手腕上或手镯上系子安贝，这是一种如同虎斑宝贝的小形贝壳，大小形状类似杨梅核，也有的用于帽坠，认为可以使小孩胆子大并可避鬼邪。

　　一般人家以银项链或彩线系一个长命锁挂在小孩脖上。长命锁的两面分别镌以"长命百岁"或"福禄骈阗"以及"麒麟呈祥"之类的图案。有的人家对调皮或不乖巧的男孩给戴上丁香形耳坠，认为可以避邪。但只限于左耳挂一只，佩戴到"上丁"为止，也有一直佩戴到娶亲前夕的。女孩子要等到长大有人提亲，许配给他人后才戴耳坠，耳坠被认作定亲信物。耳坠的质料为金、银或镀金，形状亦如丁香花型，故民间统称各种形态的耳坠为"金丁香"。女子一般要到中年以后才换戴耳环。已婚女子如遇丈夫死亡，均要用苎丝作成丁香花形耳坠佩戴，等到过了"七七"或"大祥"才取下。

玉环海口的女子到了出嫁之日开始佩戴玉镯，并一直佩戴到死。如果玉镯断裂损坏，必须请工匠用银丝或铜丝缕络修复。平时脱下收藏的，要在死时重新戴上并带入棺中作为随葬品。佩戴玉镯的新娘在出嫁的路上如遇到官员，可以不回避。而所遇的官员一般都要下马出轿，拱手肃立，给新娘让路。

（3）苏州的服饰风采

苏州绣制的衣裳、鞋面等服饰以及被面、枕套等日用品和供观赏的艺术品，绣面平贴，色泽艳丽，浓淡相宜，针脚整齐，疏密有致，圆转自如，不露针迹，富有精细典雅之特色，历来为世人所称道。苏州绣制的和服，深受日本欢迎。不过，其程序之繁，工期之长，也是罕见的。如要绣一件有凤凰、白鹤、青松图案的女式和服，即使是绣花的佼佼者，也得不停地绣上一两年乃至三四年。

精细典雅的苏绣，与湘绣、蜀绣、粤绣并称为中国四大名绣，历史相当久远，据说文身古俗，还是刺绣的发端呢！又相传三国时东吴丞相赵逵之妹赵夫人擅长刺绣，能在方帛上绣出五岳、河海、城邑和行阵，当时曾有"针绝"之誉。建于五代北宋时期的苏州瑞光塔、虎丘塔都曾出土过苏绣经袱，在针法上已能运用平抢铺针和施针，这是迄今发现的最早的苏绣实物。

宋以后，苏州刺绣十分兴盛，乡村"家家养蚕，户户刺绣"，城内还出现了绣线巷、滚绣坊、锦绣坊、绣花弄等坊巷。不仅贫家女子以刺绣为生计，而且富家闺秀也往往以刺绣来陶冶情性，或以此消遣时日，所谓"民间绣"、"闺阁绣"、"宫廷绣"的名称也由此而来。自明代以后，苏绣渐渐有了"精、细、雅、洁"的佳评。明代为大量制作戏剧服装，开始出现刺绣加工的场所，苏绣得到了进一步发展。至清代，苏绣更是盛况空前，苏州被称为"绣市"而扬名四海。特别是宫廷的大量需求，豪华富丽的绣品层出不穷。清末民初，著名的苏绣大师沈寿在传统苏绣的基础上大胆创新，使绣制品更加细致、生动、美观。沈寿对苏绣最大的贡献之一，是通过《雪

宦绣谱》把散于民间的各种针法技巧、丝理色彩等归集一处，上升为理论，并以文字的形式流传下来。沈寿的绣艺不仅是近代江苏的新绣，而且是中华民族的新绣。

苏绣以精细典雅著称于世，具有图案秀丽，色彩雅观，线条分明，针法活跃的风格，其工艺技术水平高超。清代的丁佩所著《绣谱》一书，在论述到苏绣的工艺时，将其概括为平、光、齐、匀、和、顺、细、密八字。平，是指绣面平服，熨帖如画；光，是指光彩夺目，色泽鲜明；齐，是指针脚齐整，轮廓清晰；匀，是指皮头均匀，疏密一致；和，是指色彩调和，浓淡合度；顺，是指丝缕合理，圆转自如；细，是指用针纤巧，绣线细致；密，是指排列紧凑，不露针迹。苏绣之名贵，由此可见一斑。

过去苏绣应用于服饰方面的多为官服行头、绣凤冠霞帔及剧装绣衣等，平民百姓很难享有。新中国成立后，人民群众越来越多地服用刺绣服装、饰物，且苏绣日用品也日渐增多，如被面、床罩、枕套、靠垫、台毯、手帕等，其中儿童用品尤其多。作为艺术欣赏的刺绣工艺品，更是行销海内外，特别是在国际市场上颇受欢迎。

人说"苏杭出美女"，的确名不虚传。不过，这美女之美，除了天生丽质外，她们绫罗裹身，鲜花饰头，注重服饰的鲜艳，自然就更多了几分俏丽。苏州女子的打扮，若要用花团锦簇来形容不会过分。她们那喜爱簪花的风俗，也为自身平添了几许风采。

苏州女子戴花十分讲究，一是不同的季节戴不同的花，因季节的转换而变化；二是十分挑剔，花的形状要漂亮，花的色彩要鲜艳，花的名称要动听，应带有美好、吉祥的寓意。一般是春天戴玫瑰、木香；夏天戴茉莉、珠兰；秋天戴凤仙、桔花；冬天戴山茶、腊梅。其中尤以玫瑰、茉莉、珠兰最受人们喜爱，价格不菲，都是以朵论价。特别是年轻女子，人人簪花，有的贫家之女，甚至宁可食无肉，不可头无花。从前，苏州的优伶、歌妓、游舫船娘和深阁闺秀，更是一日不可无花，每天都有专人送上带露的鲜花供她们晨妆。这样，花价则是以月计算，俗称"包花"。

最受女人们青睐的是茉莉花。苏州茉莉花洁白如玉，香气高雅浓郁，一年有三季盛开，可供簪戴的时间最长，因此，在苏州，女人们以戴茉莉花为时尚，有一首著名的苏州民歌就是"好一朵美丽的茉莉花"。姑娘们索性将茉莉花成串地插在钢夹上，别在鬓角旁，黑白相映，秀美典雅；已婚的女子往往在胸前戴上茉莉花球，人俏花香，妩媚顿生。当你走进大街小巷的人流中，闻到那随风飘散的阵阵馨香，不禁心旷神怡。由于苏州女子喜爱簪花，所以苏州文人把女子簪花称作"鬓边香"，真是再恰当不过了。

宋锦、云锦和苏绣。论及吴越之地的服饰，不能不提到宋锦、云锦和苏绣，它们均为长江流域服饰文化增辉添色。

苏州宋锦，色泽华丽，图案精致，质地坚韧。它与四川蜀锦、南京云锦一起，被誉为我国三大名锦。

唐代时，苏州就有土贡八蚕丝绯绫。到了五代，农业生产又有所发展，在苏州丝织品中出现了五彩灿烂的织锦。在虎丘塔、瑞光塔出土文物中就有很多织锦残片，类属云方如意锦。

宋朝南渡以后，全国经济重心南移，当时苏州的地位仅次于临安（今杭州），成了南宋时期的政治、经济、文化中心之一，因而丝织业更为发达。宋代每年给官吏分七个等级发给"臣僚袄子锦"以做官服。宋锦还大量用于装裱书画，其种类达40余种，这些古老而美丽的织锦大多与书画同时被保存下来，使后世人们得以一饱眼福。

与宋锦齐名的南京云锦始于元代，盛于明清，是最具南京地方特色的传统丝织工艺品。

它以真丝线、真金线为原料，在长5.6米、宽1.4米、高4米的木制大花楼提花机上，运用传统的织选工艺，靠手工织就丝织锦缎。南京云锦因其锦缎色泽瑰丽、美若天上云霞而得名，被称为"中华一绝"。

（4）杭州丝绸甲天下

丝绸被称为"纤维皇后",它光彩夺目,飘逸轻柔,绮丽华贵,穿着舒适,素来享有"第二皮肤"之美称。

中国是丝绸的故乡,中国的丝绸对于世界文明的贡献是极为重大的,其意义庶几可与中国古代四大发明媲美,因而丝绸又有中国的"第五大发明"之说。

说起丝绸,自然使人想到杭州,因为杭州是闻名中外的丝绸之府。早在春秋战国时期,吴国的南疆杭州吴山,即已有蚕丝生产。当时,吴楚两国还曾为了采桑发生过战争呢。时至两汉,杭州已经有了自己的丝织品。隋、唐时期,杭州的丝绸生产又有了较大的发展,其中吴绫、白编绫、纹纱等都是贡品。后来经过吴越时期钱王采取"世方喋血以事干戈,我且闭关而修蚕织"治国方针的大力发展,江南丝绸业一跃成为全国之冠。钱王在杭州城内设置官府织绫,仅西府就有锦绫工300余人,可见当时丝织业之繁荣。北宋灭亡后,宋皇室南迁杭州(当时称临安),由于北方劳动人民大批南逃,因而将中原先进的织造技术带到了杭州,增强了杭州的织造技术力量,更加促进了杭州的丝织业全面发展。杭州设立的织造府和织染局,专门管理丝织、印染。与此同时,民间私营丝绸作坊也大量涌现,使丝织业成为当时百业生产之首。明、清时期,官府在江宁(南京)、苏州、杭州设有规模巨大的丝织工场,即著名的"江南三织造"(皇家在地方的负责丝绸生产、转运的专设机构),其中杭州的织造府署和织造局,专门为宫廷制造各种丝织品,其生产规模曾超过南京、苏州。

杭州丝绸绮丽轻柔,质量精美,且品种多样,达10多个大类,几千个品种,真可谓绸、缎、绫、罗、锦、纺、绒、绉应有尽有。像柔软的立绒、轻盈的烂花乔其、色彩鲜丽的交织花软缎、光滑如镜的素色双丝软缎,都是丝绸家族中的珍品。特别是缎类织物堪称中国古代丝织工人在利用丝的光泽方面最成功的创造。这种织锦缎,是用金黄、淡红、墨绿、天蓝等彩色丝线作纬线,在10~20根经线

中变换交织成种种花卉图案、山水景色的锦缎，被人们称赞为美丽的"东方艺术之花"。随着改革开放大潮的波翻浪卷，传统的技艺更加焕发出诱人的魅力，许许多多传统的真丝手绘工艺品普遍受到人们的青睐，设计新颖、做工精细的头巾、被面、服装以及大量的衣料、裙料深受百姓欢迎。如今，每逢春天或夏日，人们都喜爱穿着舒适华丽的丝绸服装。那些在过去曾经作为贡品，或者只有达官贵人才可享用的"奢侈品"，现在已普遍的进入了"寻常百姓家"。

（5）自成特色的安徽服饰

安徽地处长江下游，为华东腹地，江淮流经省内大部地区，自然条件十分优越。自古至今，世世代代生活在这块土地上的人民创造了独具特色的安徽文化。作为安徽文化组成部分的安徽服饰文化同样有着浓郁的"徽味"。

安徽是建立纺织业最早的省份之一，至清朝光绪年间，芜湖的棉纺业已十分发达，最盛时曾有1000多家机坊，其行业之大、花色品种之多，销路之广，在长江中下游地区可谓首屈一指。

合肥挑花、卢阳花布、芜湖蓝印花布等极富地方特色，形成了粗犷与细腻相结合、重色与轻色相结合的风格。

由于安徽特殊的地理位置，其服饰或多或少受到"京味"、"海味"、楚地风格的影响，但更多的还是吸收了江、浙风味。不过，无论怎样也改变不了"徽味"。安徽的气候多雨，到梅雨期经常是连阴雨天气，道路泥泞难行，这自然而然地影响着人们穿衣的习惯。如山区沿江的居民，常常是上衣穿得比较讲究，得体，而下装则随便些，且趋向于短，以适应泥泞的道路。这样就形成了一种特殊的打扮。虽然时代变化了，经济发展了，各方面的条件都有了很大的改善，可是，这种由来已久的习惯却成为一种服饰风格。

安徽人服饰崇尚朴素大方，喜欢粗犷、大块，方圆分明。如常常在袖口、裤脚镶上比较宽的色块，正好与圆的袖口、裤脚形成鲜明的对比。色彩上也多运用轻重对比的颜色。这种对比都是靠着巧

妙的搭配表现出来，像一件贴身、长至腰际小花丝绸浅色的上衣，下面却穿一条拖地、宽松的深色大花的棉布裙，很明显地突出了大与小、粗与细、宽与窄、深与浅的鲜烈对比。再比如一些地方，常常可以看到穿着白底小蓝花上衣，又在领子、袖中、袖口、底襟等处镶着宽宽的蓝边，与底白色形成强烈的对比。

安徽人善于吸取东西南北各地不同的服饰格调，但又不生搬硬套，而是要进行再创造，以形成本地特色。比如有人把外地细长、短小的吸腰款式上衣，进行改良，把袖子改成超宽的七分袖，再加上本地风土味极浓的裙子，穿在身上，既有现代感，又不乏传统的徽装气息。再来看"马甲"，这是中国各地许多人都喜欢的服装，安徽人也不例外，可是徽味马甲却是另一种风情：有的人把马甲常常穿在有宽宽的袖子、衣长至膝的上衣外面；还有一种把马甲的袖笼夸张得很大，穿在短上衣外面，看上去既潇洒又有徽味。

（6）上海服饰显风流

如果说"徽味"服饰为长江下游服饰文化增添了光彩的一页，那么，上海的服饰风尚更是长江下游服饰文化史页上值得大书特书的重要组成篇章。特别是现代的上海服饰，发展之快，变化之大，观念之新，更是令人震惊。真可谓"穿在上海"。上海服饰不仅成为长江流域服饰的龙头，而且领导着中国服饰发展新潮流。

上海本是一座具有数千年历史的文化名城，这从上海古遗址和墓葬出土的文物已可见端倪。古老的上海，同样有着悠久的服饰文化传统。比如佩饰，考古工作者曾从青浦福泉山遗址发现了玉珠、玉球、玉锥、绿松石饰片、坠珠、锥珠、玉项链、玉佩、玉带钩等饰物，其质量之精，工艺之高，在上海考古史上是破天荒的。有不少是国内数一数二的珍品，其中有一串完整的玉坠珠项链，有绿松石珠、鸡骨白玉珠、兽面纹玉管和凹面弧边玉管，中间荡一麻茹形玉坠，绿白相间，光洁秀丽。即使在今天，这条项链如果挂在姑娘们的颈脖子上，也会熠熠生辉，增添许多光彩。这说明古代的上海

先民也早已开始了对服饰美的执著追求。

古代上海的纺织业建立较早，特别是自从元代黄道婆由海南岛学得先进的纺织技艺，回到家乡改革纺织技术以后，历经元、明、清三朝，上海地区成为全国最大的棉纺织中心。苏州河以南的松江府，"绫布二物，衣被天下"；苏州河以北，不属于松江府的今嘉定、宝山地区，棉纺织同样十分发达。产于松江的"三棱布"（或称"三纱布"），纺织细密，质地优良，很受人们的青睐，连明代弘治以前皇帝所穿的贴身内衣，都是用三棱布制成的。又有以创始人松江女子丁氏命名的"丁娘子布"（一称"飞花布"），也是很有名气，清初著名文人朱彝尊称赞它"晒却浑如飞瀑悬，看来只讶神云活"。这种布纱细、工良、光洁、细软，成为人们制作服装的上好衣料。除此以外，还有如"精线绫"、"药斑布"、"紫花布"、"兼丝布"、"斜纹布"、"棋花布"、"云布"、"红纱官布"等，都以其精美无比而称绝于一时，为远近所争相购买。

顾绣是古代上海对于长江流域服饰文化的另一贡献。明朝嘉靖时期，上海顾名世一家擅长刺绣，其技法和风格独特，尤其是顾名世的孙媳，善画工绣，摹绣古今名画，尤为传神。

顾氏后代，继承家传绣法，并收徒传艺，使其发扬光大，传播开来，深受人们的喜爱，被称为"顾绣"。又因顾氏家族居住上海九亩地的"露香园"，故亦名之为"露香园绣"。顾绣成品有"用线细，行针密，色彩丰富，不留针痕迹"之誉，所绣人物、花、鸟栩栩如生，"尺幅之素，精者值银几两，全幅高大者，不啻数金"，一时"震溢天下"，为人称绝。

古代的上海，在衣料生产和刺绣上捷足先登，产生了较大的影响。进入近代以后，上海人在穿着打扮上又独领风骚。特别是现当代，上海的服饰文化更是飞速发展，领导着中国服饰潮流。

众所周知，西装、中山装、新式旗袍，它们应算是 20 世纪中国最具代表意义的服装，而它们恰好又都始于上海。

当年，随着大批西方人的来华和留学生的海外归来，西服热在上海逐渐兴起。最初，外国商人在东百老汇路和南京路外滩一带开设西服店，随即上海的裁缝师傅学会了西服缝纫方法，开始制作西服，并因此而产生一支以精于制作西服而闻名的"红帮"裁缝队伍。说起这"红帮"裁缝的来历，民间有一些不同的说法和解释，其中较为流行的一种是，20世纪20～30年代，上海居住着一大批来自欧美的外国人，这些蓝眼睛、红头发的外国人，被人戏谑地称为"红毛人"，而那些专门为红毛人做时装的裁缝就被称为"红帮裁缝"。又据说当时上海为外国人制作西装的以浙江奉化人居多，曾有资料表明，旧时上海大马路（今南京路）开设的8家西服店中，就有5家为奉化人所独开，以后发展到近50家，形成了奉帮裁缝独占十里洋场的强大势头，红帮裁缝的"罗派"服装（即俄国式西装），素以工艺精湛著称，具有"奶胸舒展、肩头平服、束腰得体"、穿着壮美的效果。由于旧时上海洋行买办众多，一些就职人员、富豪子弟以着西装为时尚，使西装很快在民众中流行起来，并流传开去，从而改变了中式衫裤、长袍马褂一统天下的局面。

第一套中山装是在上海诞生的。1911年底辛亥革命胜利，孙中山回国，曾在位于南京东路西藏路口的"荣昌祥呢绒西服号"定制过几套西服，很是满意。有一次，他带来一套日本陆军士官服，要求以此为衣样，依照他的意图，做一套直翻领有袋盖的四贴袋服装。袋盖做成倒山字形笔架势，称为笔架盖，并系5颗纽扣，象征五权宪法。孙中山试穿后，认为该服装简朴庄重，大加赞赏，并以此定型。后来，这种式样的服装称为中山装。

20世纪20年代初，上海产生了新式旗袍。最先只是一批青年女学生穿，紧接着其他女子争相仿效，进而一时风行，并影响全国，尔后还流传到国外。

50年代初，人们在新政权的感召下，追求朴素而富有生气的服饰，布制的人民装、列宁装、俄罗斯裙时髦起来。1956年春，在共

青团中央和全国妇联的倡导下，为了丰富和美化人民的衣着打扮，上海服装行业积极行动起来，进行服装设计，举办展销活动，服装事业获得了长足的发展，人们的穿着丰富多样。夏季有各种款式的短裙、连衣裙，有多种花色的衬衣、旗袍，有秀丽的刺绣服装；春秋有青年装、两用衫、夹克衫、西装；冬天有中西缎子布棉袄、长毛绒大衣、皮猎装、派克风雪大衣等，新款、新式不断出现，各色品牌不一而足，显得五彩缤纷，令人眼花缭乱。

"文革"十年，受极"左"思潮的影响，上海的服饰文化同样难免封杀，人们的服装陷入了前所未有的单调和沉闷："老三色"（蓝、白、黑），"老三装"（中山装、青年装、军便装）一统天下，其他花色款式统统被贬为"奇装异服"，都是"封、资、修"。

人为的禁锢哪能长久！改革开放的春风一经吹起，人们思想上的牢笼迅速被冲决，上海的服饰文化再度大放异彩：西服热、夹克热、羊毛衫热、牛仔服热、羽绒服热……热潮一个连着一个；与此同时，烫发热、美容热、首饰热、绣品热、时装表演热也相继涌现。近些年来，人们在服饰方面又越来越注重表现自我，尽量地体现出个性。到如今，"穿什么由自己决定"成了人们共同的理念。

（五）茶酒文化

长江流域也是重要的茶叶生产基地。唐朝以前，长江流域一些地方还有原生的茶树，茶树的起源问题，历来争论较多，随着考证技术的发展和新发现，才逐渐达成共识，即中国是茶树的原产地，并确认中国西南地区，包括云南、贵州、四川是茶树原产地的中心。由于地质变迁及人为栽培，茶树开始由此普及全国，并逐渐传播至世界各地。

明清以来，长江下游的东南丘陵地区的茶品仍然在中国影响最大，建茶仍为茶中上品。

今天，中国十大名茶虽然排列差异较大，但长江流域茶仍独占

鳌头，如西湖龙井、黄山毛峰、君山银针、祁门红茶、碧螺春、蒙顶山茶、恩施玉露、庐山云雾等都是传统的名茶。

茶业在长江流域社会生活中地位重要，浙江的茶文化传入日本，形成了有世界影响的日本茶道，而中国民间茶馆文化成为百姓生活中的一个重要内容。据《梦粱录》和《武林旧事》记载，南宋的临安茶坊林立，既有一般下层社会的茶坊，也有上层士人的茶坊，还有流动卖茶水的。近代以来，长江下游的苏州和长江上游的成都是茶馆文化十分发达的地区，茶馆成为日常交流信息、买卖交易的重要场所，同时也成为休闲娱乐的重要场所。

从茶馆文化来看，中国城市中北京、苏州、广州、杭州、成都的茶馆文化最为丰富，也较有特色。这些城市在古代有一个共同的特色，就是传统文化的色彩较浓，消费性城市色彩较明显，人们生活和生产节奏相对较慢。其中长江流域的苏州、杭州和成都的茶馆往往与自然融合在一起，苏州和杭州的园林、湖水、小溪、假山与茶园一体，成都的茶馆则与竹林、河水相依。

成都茶馆的特色

成都人休闲的传统与茶馆结合在一起，很多时间都是在茶馆度过。许多人是从早到晚都泡在茶馆中，还有专门喝加班茶的。民国时期，成都的华华茶园，可同时容上千人喝茶，所以以前成都可谓茶馆无街无之。茶馆的市民化也最明显，茶馆里一般还有川剧和四川评书表演。今天，川渝等地的茶馆也仅是一个载体，茶馆中摆龙门阵、交流信息、洽谈生意、搓麻将、斗地主等娱乐才是主题。

苏州的茶馆在历史上也是特色鲜明，一般茶馆往往与书场结合在一起。20世纪20~30年代，苏州城市人口只有20万左右，茶馆与书场一体的却有150多家，单纯的茶馆更多。苏式茶馆强调热食热饮，还有糕点佐茶，与今天的高档茶楼相仿。

杭州的茶馆早在南宋时期已经很有名气，许多都挂名人字画来增加茶馆的文化色彩。以前的杭州茶馆多在湖边和河边，茶馆中也多有说杭州大书的，文化味较浓。据说今天杭州有几千家茶馆，而且老板80%是20多岁到40多岁的女性，这陡增了杭州茶馆的文化柔性。杭州的许多茶馆还有茶道表演，可听江南丝竹、古筝，也可听流行音乐、下围棋。

可以说苏州、杭州的茶馆文化文化底蕴更深，而成都茶馆市民化程度更高，这显现了近代长江首尾的文化差异。

在饮食文化中酒文化的影响也十分大，长江流域的酒文化也是地位独特。秦汉以后，长江酒文化从她的源头汇入到浩荡奔流的干流，开始了蜿蜒曲折而不断成熟发展、波澜壮阔的历程。从秦汉时期开始，名酒产地遍布整个长江流域，形成上、中、下游相互辉映的格局。长江中游的荆楚名酒借先秦余绪，曾领风骚；下游的越酒、上游的川酒更是厚积薄发，脱颖而出。长江酒文化由此翻开了自己近2000年辉煌壮观的篇章。

长江上游右岸，有一条支流名赤水河。这条河连着一座闻名遐迩的古镇，连着一种闻名遐迩的美酒，贵州茅台镇和茅台酒。茅台酒素有中国的"国酒"之称，五次全国评酒会均名列全国名酒榜首，与英国苏格兰"威士忌"、法国科涅克"白兰地"列为世界三大名酒之一。理所当然，她是长江名酒的杰出代表，是长江酒文化的无上骄傲。茅台酒，以地名而命名，属酱香型大曲白酒，是中国酱香型白酒的代表，因而酱香型也称为"茅香型"。

董酒产于贵州遵义北郊7.5千米的董公寺。从这里再往北40千米，便是著名天险娄山关。这一带冬无严寒，夏无酷暑，清泉潺潺，林木森森，是酿酒的好地方。董酒的生产有100多年的历史。先是

有一程姓，见董公寺环境幽美，又有山泉围绕，便开设酒坊酿酒。董酒的创始者程氏及其后人，根据小曲酒的酿造方法，结合当地的气候、土壤、水质等得天独厚的条件，反复探索，不断改进，于20世纪20年代后期，酿制出别具一格的佳酿"董公寺窖酒"。后取头、尾二字，定名为"董酒"。当时，董酒名声远播云、贵、川、湘数省，成为名重一时的名特产之一。新中国建立前夕，由于种种原因，程氏酒坊关闭，董酒在市场上绝迹。

四川盆地南部边缘，长江与沱江牵手的地方，有一座川南重镇、历史名城——泸州。泸州襟带四江（长江、沱江、赤水河、永宁河），历来是连接云、贵川的重要通道。饮誉华夏，香飘世界的泸州老窖大曲就出自这里。1915年，泸州老窖大曲在美国旧金山举办的巴拿马太平洋博览会上，一举夺得金奖，这是她第一次走向世界，誉满天下。1952年第一届全国评酒会上，泸州老窖被列为全国八大名酒之一；同时，她又以其清洌甘爽、柔和纯净的品质，被誉为浓香型白酒的典型代表，奠定了"浓香正宗"的光荣地位，浓香型又称为"泸香型"。此后，直到第五届全国评酒会，泸州老窖都是金牌不倒，蝉联国家名酒称号。

全兴大曲产于四川省成都市成都酒厂，成都市位于四川盆地西北部。全兴大曲的历史可追溯到清代乾隆年间，距今已逾200年。乾隆51年（1786），有位王姓酿酒师在成都东外大佛寺侧，利用"全身佛"三字的谐音，开办"福升全"（谐"佛身全"）酒坊，以求大佛保佑，专门取用著名的薛涛井井水酿酒。清道光四年（1824年），生产日益兴旺的福升全在城内暑袜街建立新厂，以"福升全"之末字为首字，名叫"全兴成"，以一口明代古井水酿酒，并将多年酿制技术加以改进，酿出了品质更加优良的酒，并将此酒命名为"全兴酒"。

在四川南部，金沙江、岷江交汇处，有一座历史文化名城宜宾。万里长江从这里往上又名金沙江，所以宜宾又号称"万里长江第一

城"。宜宾人爱酒饮酒的历史悠久漫长。从3000年前的"树头酒"，到秦汉的"（句）酱"、"果酒"、"砸酒"，再到唐宋明清的"重碧酒"、"荔枝绿"、"姚子雪曲"、"杂粮酒"，直到今天的"五粮液"，这就是五粮液的深厚历史渊源，宜宾悠久的酒文化史。所以，山环水抱、气候宜人的宜宾又被誉为名酒之乡。

剑南春原名绵竹大曲，产于四川北部的绵竹。所谓"剑南"，就是剑门关之南，这是一方极富仙气、灵气与秀气的宝地。绵竹酒家的一副楹联表达了绵竹人的骄傲与自豪："绵竹有泉皆化酒，剑南无酒不成春。"绵竹酿酒历史当在2000余年以上。1979年，绵竹清道发现了春秋时期的蜀人船棺葬，里面就有青铜酒器（垒）和提梁壶。而唐代绵竹出产的"剑南之烧春"，更是蜚声海内，列为皇族专享的贡品，享有"剑南贡酒"的盛名。清康熙年间，酿造大曲酒的作坊相继出现。据县志记载，当时的绵竹大曲达到了"味醇香，色洁白，状若清露"的美妙境地，具有止泻除湿、清暑御寒、祛病延寿之神效，被时人视为难得的佳品。

长江下游的浙江，山多名山，水多胜水，人杰地灵。这里出产的绍兴酒（也称越酒）。绍兴酒是长江下游酒文化的杰作，也是整个长江文化的骄傲。秦汉以后，绍兴酿酒业不断发展壮大，在中国最古老的酒种——黄酒类中终于脱颖而出，赢得"越酒行天下"的美誉。在1915年巴拿马万国博览会上夺得金奖；它在首届评出的全国八大名酒中，是唯一的黄酒。绍兴酒被人们誉为"中国黄酒之冠"，使中国黄酒这个最古老的酒种焕发出亘古未有的夺目光彩，使与葡萄酒、啤酒并称为世界三大酿造酒的中国黄酒，增添了更加迷人的东方神韵。

洋河大曲，产于江苏泗阳、泗洪、宿迁三县交界的洋河镇，因地而得名。从1979年全国第三届评酒会起，连续蝉联国家名酒称号。远在两汉时期，洋河镇的酿酒业就发展起来。历经唐、宋、元、明，在距今400多年前的明代，洋河镇上已经能生产出类似今天洋

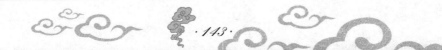

河大曲的美酒。据记载，明代的洋河镇上，有9个省的商人设立会馆，70多个县的客商云集，酿酒作坊有15家，酒店遍布全镇。酒业的繁荣，促进了洋河大曲酒的质量不断提高；酒好自然就引来八方远客，洋河大曲随之也走向全国。明代诗人邹辑的诗，生动反映了当时洋河镇酒业繁盛的景象："白洋河下春水碧，白洋河中多沽客；春风二月柳条新，却念行人千里隔。"

（六）民族与文化

　　长江中上游许多地区明清以来仍是少数民族聚居区，长江上游的西部是横断纵裂河谷，是一个南北民族大走廊，历史上氐羌系统民和苗瑶系统民族更是纷纷西进，使长江上游成为我国一个重要的民族聚居区，羌族、彝族、纳西族、部分藏族、土家族等民族都是主要在长江流域生存的。

　　羌是我国最古老的民族之一，分布亦广，羌族历史在我国民族史上古有极其重要的地位。唐宋以后，羌族多被汉族或其他族所融合，只在岷江上游还有部分存在。羌族属藏语系藏缅语族羌语支，可分为南北两大方言，南部方言行于茂汶县的沙坝区、较场区、凤仪区、土门区，汶川县的威州区、绵池区，理县的通化区、薛城区；松潘的镇江区。北部方言行于茂汶县的赤不苏区和黑水县的大部分地区。土语甚多，甚至相邻的村、寨间，语言亦不完全相通。在交通沿线和接近汉区的羌民，一般都懂得汉语。羌族汉有文字，很早以来就已通用汉文。

　　羌族分布在青藏高原东部边缘，山脉重重，地势陡峭；境内有岷江、黑水河与杂谷脑河，水流湍急，舟楫不通。气候温差颇大，初秋时节，河谷正是紫罗兰盛开，而高山却已是白雪皑皑。全年平均气温为11℃左右，无霜期为180~220天。农作物以玉米为主，其次为青稞、小麦、荞麦、豆类，以及麻、烟等经济作物。苹果、花椒、核桃享有盛名。养羊业较发达，是优良品种"铜羊"（成都麻

羊）的主要饲养地。密林中有椴木、桦木、铁杉等优质木材。药材丰富，其中尤以天麻、贝母、虫草、鹿茸、麝香、熊胆著称。野生动物中的熊猫、金丝猴更是举世之珍，闻名全球。羌族酿酒的历史也非常悠久，原因之一是古羌

野生动物中的熊猫

人的一支首先从事农业。原因之二是，"禹兴于西羌"，而我国酿酒先圣仪狄是禹之臣，杜康是禹的后裔。

　　彝族是中国具有悠久历史和古老文化的民族之一，有诺苏、纳苏、罗武、米撒泼、撒尼、阿西等不同自称。主要分布在云南、四川、贵州三省和广西壮族自治区的西北部。彝族是古羌人南下在长期发展过程中与西南土著部落不断融合而形成的民族。彝族语言属汉藏语系藏缅语族彝语支，有6种方言。彝族有自己的文字，是中国最早的音节文字，一个字形代表一个意义，文字总数达一万多个，其中比较通用的有1000多个，大约形成于13世纪。彝族文化艺术源远流长，用彝文记载的历史、文学、医学、历法等著作中，不乏价值极高的珍贵文献。流行的民间集体舞是"跳乐"。传统工艺美术有漆绘、刺绣、银饰、雕刻、绘画等。图彝族服饰形式众多，男子喜穿黑色窄袖左斜襟上衣和多褶宽大长裤，缠包头，并在包头右前方扎一细长锥形的"英雄结"；女子喜穿镶边或绣花大襟右衽上衣和多褶长裙，有的系围裙和腰带，缠包头；男女外出时，喜披"擦尔瓦"，"擦尔瓦"形如斗篷，长可及膝，下端缀以长穗，用羊毛织成，多为黑色。住房有明显的地方特色，凉山地区多为土木结构，俗称"瓦板屋"。云南则平顶土房较多，俗称"土掌房"。广西是形似"干栏"式的住宅。彝族主要从事农业，畜牧业是副业，手工业

生产也相当发达。

纳西族是古代氐羌族系统民族的一支，古代为牦牛夷，后称摩沙夷、麼些等，主要聚于云南省丽江市古城区、玉龙纳西族自治县、维西、中甸、宁蒗县、永胜县及四川省盐源县、木里县和西藏自治区芒康县盐井镇等。语言上为汉藏语系藏彝语族，很早就存在一种象形文字。纳西族在文化上创造了东巴文化，东巴教、东巴形象文化、东巴洞经音乐在中国文化史上有重要地位。纳西服饰汉化比较严重，特别是男性的服

纳西族的"七星披肩"

装，而妇女的"七星披肩"很有特色。饮食上丽江糍粑影响很大，丽江城市也因为纳西族风情成为重要的旅游城市。纳西民居大多为土木结构，比较常见的形式有以下几种：三坊一照壁、四合五天井、前后院、一进两院等几种形式。其中，三坊一照壁是丽江纳西民居中最基本、最常见的民居形式。

今天川西康藏地区的藏族自称康巴。藏族有自己的语言和文字，属汉藏语系藏缅语族藏语支。糌粑、青稞酒、酥油茶是藏族的典型食品。藏族有五种葬法，即塔葬、火葬、水葬、土葬和天葬。藏族信奉佛教，藏传佛教喇嘛教世界闻名。藏族服饰无论男女至今保留完整。不同的地域，有着不同的服饰。特点是长袖、宽腰、大襟。藏族同胞特别喜爱"哈达"，把它看做是最珍贵的礼物，每有喜庆之事，或远客来临，或拜会尊长、或远行送别，都要献哈达以示敬意。

土家族是中国的少数民族之一，汉族人大量迁入后，"土家"作为族称开始出现。土家族人自称为"毕兹卡"，意思是"本地人"。土家族有自己的语言，土家语属汉藏语系藏缅语族，语支未定，还有说法主张白语（白族的语言）、土家语也属于汉语族。大多数人由

于长期与汉族杂居，很早就开始使用汉语、汉文，只有湖南的永顺、龙山、古文等聚居地区，还完整地保留着土家语。土家族爱群居，爱住吊脚木楼。

土家族处于原始宗教崇拜阶段，受汉族影响在宗教方面，主要迷信鬼神，崇拜祖先。土家族人最爱吃粑粑（糍粑）腊肉、油茶等食品，还有合菜；团馓；绿豆粉（米粉）；油炸粑。土家族爱唱山歌，山歌有情歌、哭嫁歌、摆手歌、劳动歌、盘歌等。主要从事农业，手工业方面，刺绣、编织比较有名，土花铺盖尤为著名。

土家族的吊楼木楼

六 灵山秀水

名山

1. 青城山

青城山是中国首批公布的风景名胜区之一，距都江堰市区 16 千米。青城山靠岷山雪岭，面向川西平原，群峰环绕，状若城郭；林深树密，四季常绿；丹梯千级，曲径通幽。全山以幽洁取胜，与剑门之险，峨眉之秀，夔门之雄齐名，自古就有"青城天下幽"的美誉。

公元 143 年，"天师"张陵来到青城山，选中青城山的深幽涵碧，结茅传道，青城山遂成为道教的发祥地，被道教列为"第五洞天"，至今完好地保存有数十座道教宫观，珍藏着大量古迹文物和近代名家手迹。可以说，青城山

青城山

是一座纵横千百年的活的道教"博物馆"。

青城山主要的景点有：建福宫、上清宫、天师洞。建福宫在青城山麓丈人峰下，传为五岳丈人宁封子修道处。上清宫是青城山位置最高的道观。晋代始建，后废，唐玄宗时重建，五代王衍时再建，

明末毁。天师洞是四川省著名宫观，又是全国道教重点宫观和青城山道教协会所在地，也称古常道观。天师洞位于青城山半腰。现存建筑是清康熙年间由住持陈清觉主持重建的，主要建筑有山门、青龙殿、白虎殿、三清大殿、古黄帝祠、三皇殿、天师洞府等，是青城山最大宫观。天师洞同有石刻张天师像及清代续塑的 30 代天师张继先像，观周围还有降魔石、掷笔槽等遗迹。

2. 峨眉山

峨眉山在四川盆地西南部，地处长江上游，屹立于大渡河与青衣江之间，在峨眉山市西南 7 千米，东距乐山市 37 千米，是著名的佛教名山和旅游胜地，有"峨眉天下秀"之称，是一个集佛教文化与自然风光为一体的国家级山岳型风景名胜区。

峨眉山与山西五台山、浙江普陀山、安徽九华山并称为中国佛教四大名山，是举世闻名的普贤菩萨道场。有山峰相对如蛾眉，故名。包括大峨眉、二峨眉、三峨眉、四峨眉。主峰 3079.3 米，高出成都平原 2500～2600 米。为褶皱断块山地，断裂处河谷深切。一线天、舍身崖等绝壁高达 700～850 米。山势雄伟，隘谷深幽，飞瀑如帘，云海翻涌，林木葱茏，有"峨眉天下秀"之称。山上多佛教寺庙，向为著名游览地。

峨眉山主峰万佛顶海拔 3099 米。全山形势巍峨雄壮，草木植被浓郁葱茏，故有"雄秀"美称。因为高度可观、面积庞大，登山路线几近百里，对普通攀登者形成有力挑战。近年来建成了登山索道，游人已可轻松

峨眉佛光

登临，去极顶俯瞰万里云海，在金顶可欣赏"日出"、"云海"、"佛光"和"圣灯"四大绝景。佛光是峨眉山最壮美的奇观。峨眉山上

共有佛寺数十处，寺内珍藏有许多精美的佛教瑰宝。许多笃信佛教的老人不辞艰苦，一步一歇，历经十数日始上山顶。无数慕名猎奇的游客远涉重洋，几经周折，始满数载愿惬意离山。峨眉山优美的自然景观、良好的生态环境使它成为人们探奇览胜、求仙修道的理想处所。

1982 年，峨眉山以峨眉山风景名胜区的名义，被国务院批准列入第一批国家级风景名胜区名单。1996 年，峨眉山与乐山大佛共同被列入《世界自然与文化遗产名录》，成为全人类自然和文化双重遗产。2007 年，峨眉山景区被国家旅游局首批正式批准为国家 5A 级旅游风景区。

3. 剑门关

位于四川省广元市剑阁县城北 30 千米处。它居于大剑山中断处，两旁断崖峭壁，直入云霄，峰峦倚天似剑；绝崖断离，两壁相对，其状似门，故称"剑门"。享有"剑门天下险"之誉，俗称"天下第一关"。1982 年被国务院列为国家级风景名胜区。

剑门关

魏峨剑门，扼入蜀的咽喉，由于它地势险要，历来为兵家必争之地。相传战国时期，秦惠王欲吞蜀，苦于无路进蜀，谎称赠五金牛、五美女给蜀王，蜀王信以为真，派身边五丁力士，劈山开道，入秦迎美女，运金牛，才开通了这条蜀道，称为"金牛道"，又称剑门蜀道。三国时期，蜀丞相诸葛亮率军伐魏，路经大剑山，见群峰雄伟，山势险峻，便令军士凿山岩，架飞梁，搭栈道。诸葛亮六出祁山，北伐曹魏，曾在此屯粮、驻军、练兵；又在大剑山断崖之间的峡谷隘口砌石为门，修筑关门，派兵把守。当年魏军镇西将军钟会率领 10 万精兵进取汉中，直逼剑门关欲夺取蜀国，蜀军大将姜维领 3 万兵马退守剑门关，抵挡钟会 10 万大军于剑门关外。真可谓："一夫当关，万夫莫开"。

原古关城楼是三层翘角式箭楼，阁楼正中悬一横匾，书"天下雄关"，顶楼正中的匾额题有"雄关天堑"。可惜，这座历经千余年的雄伟古关楼，在 1935 年修筑川陕公路时被全部拆毁，仅存一块长方形"剑门关"石碑。现关楼是 1992 年在原关楼旧址上重新修建的一座更为壮观的仿古式关楼。在 2008 年的"5·12"大地震中，剑阁旅游业遭遇严重破坏，全县受损景区达 7 个，受损面积达 100%，剑门关景区也遭到一定程度的破坏。为了恢复这个天下名关的风采，剑阁县下大力气进行重建和升级工作。根据同济大学编制的总体规划，剑门关景区将形成大剑门、志公寺、雷鸣谷、五里坡和翠云廊 5 大景区，光前 4 个景区面积就达 75 平方千米。整体风格为汉代风格，着力表现剑门关的雄、险、幽、深。

剑门关集雄、险、幽、秀、奇于一体，它除山雄关险之外，还以峡谷的幽深、翠云廊的秀丽、岩石的怪异、山洞的奇特而闻名，这里风景名胜和文物古迹甚多。现已开发的有：大小剑山"七十二峰"、仙峰观、梁山寺、翠屏峰、经皇洞、照壁、雷公峡、仙女桥、玉女峰、大小穿洞、舍身崖、一线天、石笋峰、后关门、营盘嘴、姜维墓、干河坝等景点。现在大剑山脚下有缆车可上石笋峰，然后攀登崖壁小径，顺环山天梯抵达山巅梁山寺和翠屏峰；或从后关门依山傍水的环山天梯抵达石笋峰，再从石笋峰攀崖壁小径抵达山巅。梁山寺，相传是南北朝时梁武帝来此修行而得名。翠屏山下的"经皇洞"，据传是唐明皇避"安史之乱"，经过该地，将金银珠宝、佛经藏在洞里面得名。在关楼东侧扼剑门关险的山顶是当年姜维列营镇守的"营盘嘴"，也叫"姜维城"。这里还有清代炮台遗址，右侧

石崖上还刻有康熙皇帝第十七子果亲王亲笔书写的"第一关"三个字。这些胜迹和传说，给秀丽的自然风景增添了风采和稚趣，更让游人流连忘返。在剑门关游览，能充分领略唐朝大诗人李白《蜀道难》的诗句中所描写的："蜀道之难，难于上青天"的神韵。

4. 玉龙雪山

玉龙雪山位于云南省丽江市以 25 千米处，玉龙雪山以险、秀、奇著称，其内主要有云杉坪、甘海子、白水河、冰塔林等景点，是一个集观光、登山、探险、科考、度假、郊游为一体的具有多功能的旅游胜地，栈道最高点为 4680 米。

玉龙雪山犹如擎天玉柱，高插入云，从谷底的海拔 1800 米直至到峰巅，峰谷之间相差 3000 米。沿雪山脚下平展的坝子，从甘海子缓缓爬上山麓，湛蓝透亮的天穹，耸立着一簇晶莹剔透的雪峰，缕缕团云环绕其间，十三座山峰披冰挂雪，似玉龙腾空，主峰扇子陡犹如龙首，昂视东南，其后，峰峰紧连，好似龙体。白云弥漫着山腰，时聚时散。峰巅冰雪银光闪烁，时而此峰露脸，时而彼峰隐匿，变化神奇莫测，光怪陆离。

玉龙雪山

雪山环抱着一块洁地净土——云杉坪，是一片柔情的草甸，四周长满郁郁苍苍的冷雪杉。远古此处是一片冰蚀湖，这里溪流潺潺，野草山花，漫山遍布。云杉坪还有一个哀婉幽深的名字叫情人谷，过去那些为逃避封建婚姻的青年男女，选择了这圣洁的地方殉情。甘海子是玉龙雪山东面的一个开阔草甸，甘海子全长 4 千米左右，宽 1.5

千米，海拔约 2900 米，来到甘海子给人一种开阔空旷的感觉，在高耸入云的玉龙雪山东坡面前，有这样一个大草甸，为游人提供了一个观赏玉龙雪山的好场地，在这里横看玉龙雪山、扇子陡等山峰历历在目。从甘海子到云杉坪之间，有一条幽深的山谷，谷内林木森森，清溪长流，谷底这个清泉长流的河，就叫白水河。因河床、台地都由白色大理石、石灰石碎块组成，呈一片灰白色；清泉从石上流过，亦呈白色，因色得名"白水河"。白水河之水来源于四五千米高处的冰川雪原融水，清冽冰凉，从无污染，是天然的冰镇饮料。玉龙雪山分布着欧亚大陆离赤道最近的现代海洋性温冰川和雪海，冰川类型齐全，发育有 19 条现代冰川，总面积达 11.61 平方千米，其中"白水一号"现代冰川是目前最具游览条件的冰川。

玉龙雪山是一座高山植物园，群峰之中，那些千年万载的冰川雪海、高山湖泊，滋养着种类繁多的珍禽异兽，名花异草，珍稀古树，矿藏药材。每当春临人间，雪山上繁花竞放，有金黄、紫红的报春花绽蕾吐蕊；有绚丽多姿的各种杜鹃花灿若彩云；还有百合花、龙胆花、兰花、绿绒蒿，漫布在山麓和坡岭，真个是一派花团锦簇的缤纷世界。秋日明丽，雪山更是一个万物成熟的神话世界，槭树叶红艳艳，花楸、杨树透着黄，飞松、云杉、冷杉苍翠不凋，更是一种娴幽静恬的宜人景色。

现在这里已新建起玉龙雪山民俗村、高山生态公园、飞禽公园，还有高山滑雪场和空中游览线，玉龙雪山景区，已成为世界瞩目的旅游胜地和国家级自然生态保护区。

5. 缙云山

缙云山又名巴山，在嘉陵江的下游温塘峡南西，距重庆 60 多千米处的北碚区，为四川名山之一，因缙云寺而得名，素有"小峨眉"之称。嘉陵江切穿华蓥山三支余脉而形成了峡谷，逶迤曲折几十里，两岸峭壁陡立，水流湍急，一路山水风光如画，犹如长江三峡的缩影，缙云山就耸峙在峡畔，其山势险峻，林木茂密。有诗赞道："不

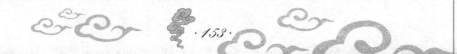

负蜀中山水好，大峨眉又小峨眉。"唐代诗人李商隐的著名诗句："君问归期未有期，巴山夜雨涨秋池，何当共剪西窗烛，却话巴山夜雨时"，指的就是这座缙云山。

缙云山上共有九峰并峙，其名为二狮子、香炉、朝日、猿啸、夕照、莲花、玉尖、宝塔和聚云。以狮子峰为最高，约海拔 1000 米，气势雄伟。传说山上居住普巴和（音丛）两个部族。山上有温泉，传为王母娘娘玉液池中流来的仙水，饮后可长寿延年。轩辕黄帝听说后唐群臣的请求，派大臣缙云龙之子荼率兵夺泉。当地的巴、二族拼死抵抗，只剩下九位勇士，仍然不屈。荼暴跳如雷，挥刀砍下自己的头颅，鲜血狂喷，熔化了岩村禽兽，直向九勇士。九勇士用石灰堵死泉穴后，化成九座雄峰。仙泉顺着地隙流到山脚峡谷，成为温泉。

缙云山历史悠久，自南朝宋景平元年（423 年），开山建寺以来，已有 1500 多年的历史，在此期间曾多次受到朝廷封赐，成为川东著名的佛教圣地。从山麓到山上原有温泉寺、绍隆寺、白云寺、复兴寺、转龙寺、石华寺、杉木寺和缙云寺等，现仅存缙云寺和温泉寺。

缙云寺坐落在狮子峰和聚云峰之间的山腰上，依山而筑，气势雄伟。大雄宝殿雕梁画栋，翘角分檐，十分壮观。从缙云寺通过山路直上狮子峰，山顶上岩石裸露，嵯峨峥嵘；如雄狮伏岗。登上狮子峰的"太虚台"，凭栏远眺，嘉陵江小三峡水光山色尽收眼底。秋冬清晨浓雾弥漫，茫茫雾海如银浪起伏，群峰像大海中的小岛时隐时现。日出之时，万道霞光霎时刺破浓雾，云消雾散，旭日东升令人兴奋不已。

缙云山九峰中又以香炉峰最秀。两根巨大的石柱立于峰旁，犹如炷香插入香炉之中。峰下悬崖绝壁处为相思岩，据说此处遍布红豆相思树，后因常有美丽的相思鸟栖息于树丛之中。

缙云山不仅风光绮丽，同时又是天然亚热带植物园。这里植物

种类繁多，据统计有 1700 多种。有属于国家重点保护的伯乐树、香果树、多花含笑、红豆杉、银杏水杉、飞蛾树等。有的树种在国内已濒临绝种，但在此却郁郁葱葱。此中特产也很丰富，如缙云甜菜，味甘而道，滋喉润心、养胃健脾。在登山的路上，到处可见高耸云天、笔直浑圆的楠竹、慈竹、平竹、苦竹、斑竹、水竹、刺竹等，茂密成林，十分壮观。缙云山因此获得植物宝库和森林公园的称誉。

缙云山竹林

坐落在缙云山北麓的北温泉公园，面临嘉陵江、依山傍水，林木茂密，飞瀑涤尘。公园前身是温泉寺，创建于刘宋景平元年（423年），到宋真宗景德四年（1007年），被敕赐为"崇胜禅院"。后因山崖下滑，寺庙被毁。明朝宣德元年（1426年）又重建关圣殿、接引殿和大佛殿。清同治二年（1863年）加修了观音殿。1972年辟为公园，游人不绝。北温泉公园以四大殿为中心，周围有曲径小桥、流泉飞瀑、岩洞深邃、崖壁陡立等名胜。

6. 九宫山

位于湖北省咸宁市通山县城东南。绵亘百里，主峰海拔 1583 米，境内千峰争翠，万壑竞幽，峰、岭、岩、台、洞、泉、池等奇丽景物引人入胜。是湖北省六个国家级风景名胜区之一。九宫山历史悠久，人文景观星罗棋布。史载，南朝晋安王陈伯恭兄弟九人避战乱建九座行宫于此，故名。此后，多朝皇帝封山赐匾，历代文人作赋题词，延至南宋名道士张道清赴九宫山开辟道场，香火远播，

九宫山便成为全国五大道场之一，特别是1645年明末农民起义领袖李自成殉难于九宫山，从此九宫山声名远播。如今，修建于1979年的闯王陵已成为全国重点文物保护单位和全国唯一保存下来的农民起义领袖陵寝。

九宫山为道教名山，雄奇险峻，景色迷人。春可赏花，夏好避暑，秋看红叶，冬览雪景，既有南国山峰的俊秀，又兼北国风光之壮美，是华中地区闻名的避暑游览胜地。盛夏季节日平均气温21℃左右，最高气温不超过30℃。夏天一日三季：午前如春、午后似秋、晚如初冬，素有"天下第一爽"之称。山上海拔1230米的云中湖为我国最具特色的高山湖泊；有全国落差最大的大崖头瀑布（落差420米）；还有面积6万多亩、分布近千种名贵动植物、近百种珍稀濒危物种、拥有大面积原始森林和第四纪冰川遗迹的省级森林保护区——九宫山森林公园。2007年8月1日，九宫山经国务院批准列为国家级自然保护区。

主峰老鸦尖海拔1656.7米，被称之为鄂南第一峰。铜鼓包也叫铜鼓峰，是九宫山的主峰，距云中湖4.7千米，海拔1546米，峰顶极像一只巨大的圆鼓，故名铜鼓包。它与三峰尖、龙瑞山、老鸦尖四峰并列在同一条中轴线上，都在海拔1500米以上，形成幕阜山脉段的高耸奇峰，都为冰川角峰。

九宫山餐饮有着自己的特点，清新、自然、山菜野菜当家。吃过大鱼大肉的城里人，上山绝对要以品野山菜为乐。尤其是以不同时期竹子为原料的佳肴更具特点，如竹笋烧肉、笋干汤、竹筒饭、竹筒里蒸菜等让你觉得好有味道，山上的菜味道较重，干豆角、蕨菜、小干鱼、干萝卜、平菇等这些菜对爬了山、出了大汗的人来讲，会胃口大开。

7. 武当山

武当山，又名太和山，谢罗山，参上山，仙室山，古有"太岳"、"玄岳"、"大岳"之称。位于湖北省西北部的十堰市丹江口

境内，属大巴山东段。西界堵河，东界南河，北界汉江，南界军店河、马南河，背倚苍茫千里的神农架原始森林，面临碧波万顷的丹江口水库（中国南水北调中线工程取水源头），是联合国公布的世界文化遗产地，是中国国家重点风景名胜区、道教名山和武当拳发源地。

武当山，是著名的山岳风景旅游胜地。胜景有箭镞林立的 72 峰、绝壁深悬的 36 岩、激湍飞流的 24 涧、云腾雾蒸的 11 洞、玄妙奇特的 10 石 9 台等。主峰天柱峰，海拔 1612 米，被誉为"一柱擎天"，四周群峰向主峰倾斜，形成"万山来朝"的奇观。

武当山古建筑群规模宏大，气势雄伟。据统计，唐至清代共建庙宇 500 多处，庙房 20000 余间，明代达到鼎盛，历代皇帝都把武当山道场作为皇室家庙来修建。

武当武术，又称"内家拳"，源远流长，玄妙飘灵，是中国武术的一大流派，素有"北崇少林，南尊武当"之说。它以静制动，以柔克刚，炼气凝神，刚柔相济，内外兼修，是极好的健身养性之术。富有神韵的武当道教音乐，具有中庸、委婉和庄重、典雅的特点，与武当武术同享盛名。

武当山神奇的自然景观和丰富的人文景观融为一体，其物华天宝又兼具人杰地灵的特质给世人留下极大的想象空间。作为中华民族大好河山的一块瑰宝，令世人神往，让我们走进钟灵毓秀、自然天成的武当山，去感悟她的玄妙、空灵和神韵。

武当武术

8. 井冈山

革命摇篮井冈山位于江西省西南部，湘赣两省交接界的永新、遂川县，属罗霄山脉的中段，南北东西各延绵 40 多千米，称为"五百里井冈"。这里地势险要，山峦雄伟，群峰俊秀，有大小峰峦 500 多座，海拔均在千米以上，最高峰江西坳达 1841 米。景区面积 213.5 平方千米，分为 8 个景区，景点 60 多个，革命旧址 30 多处。朱德曾提词说这里是"天下第一山"。井冈的"井"字，意指山间小盆地，井冈山中有许多著名的小盆地，构成井冈一奇。

井冈山山高林密，沟壑纵横，重峦叠嶂，地势险峻。其中部为崇山峻岭，两侧为低山丘陵，从山下往上望，巍巍井冈就如一座巨大的城案堡，五大哨口是进入"城堡"必经的"城关"把守此地，有"一夫当关，万夫莫开"之势。这里有很多的革命人文景观，是土地革命初期中国工农红军革命遗址最集中的地方。保存完好的革命旧居旧址有几十处，其中国家级重点文物保护单位 10 处，省级重点文物保护单位 2 处，市级重点文物保护单位 17 处。井冈山的自然景观同样令人叹为观止。景区内峰峦叠嶂，峪壑幽深，溪流澄碧，林木蓊郁。主要景观的类型有：峰峦、山石、瀑布、溶洞、气象、高山田园风光、次原始森林和珍稀动植物、温泉等八类。具有"雄、险、秀、幽、奇"的特色。可以春赏杜鹃、夏观云海，秋眺秀色，冬看雪景。尤以雄险的山势、奇特的飞瀑、磅礴的云海、瑰丽的日出、烂漫的杜鹃花而蜚声中外。一个融革命传统教育与风景旅游览胜为一体的新型旅游区已经形成。

9. 神农架

神农架位于湖北省西部边陲，东与湖北省保康县接壤，西与重庆市巫山县毗邻，南依兴山、巴东而濒三峡，北倚房县、竹山且近武当，总面积 3253 平方千米。神农架是湖北境内长江与汉水的分水岭，也是南水北调中线工程重要的水源涵养地，是三峡库区最大的天然绿色屏障，作为全球同纬度地区唯一的绿色奇迹而备受关注。

古老漫长的地理变迁和相对封闭的自然环境，使神农架全境蕴藏着丰富的自然资源。一是生物资源。现有森林面积 1618 平方千米，活立木蓄积量 2019 万立方米，实施"天保工程"后，森林年净增长量 29 万立方米。这里有各类植物 3700 多种，各类动物 1060 余种。二是旅游资源。神农架保存完好的原始生态与亿万年来形成的亘古地貌，孕育了众多自然景观。神农顶雄踞"华中第一峰"，风景垭名跻"神农第一景"。红坪峡谷、棕峡峡谷、关门河峡谷、阴峪河峡谷雄伟壮观；龙泉瀑、香溪河、大九湖风光绮丽；燕子洞、冷热洞、盛犀牛洞、潮水洞、令人叫绝。三是水能资源。神农架境内地表水资源丰富，沟谷深切，落差较大，发源于其区内的香溪河、沿渡河、南河、堵河 4 大水系年地表径流量约 22 亿立方米，水能蕴藏量达 53 万千瓦，近期可供开发的 27 万千瓦，现仅开发 6.8 万千瓦。四是矿产资源。神农架全境矿产资源十分丰富，以磷、硅为大宗，磷矿储量逾 1.5 亿吨，且储藏集中，矿体裸露，品位较高，运输便利。

神农架是一个原始神秘的地方。独特的地理环境和区域气候，造就了神农架众多的自然之谜。"野人"、白化动物、珍禽异兽、奇花异草、奇洞异穴等无不给神农架蒙上了一层神秘面纱。

10. 黄山

黄山位于安徽省南部，是长江与钱塘江两大水系的分水岭，山北青弋江入长江，山南新安江入钱塘江。黄山市因此也成为安徽省唯一位于钱塘江流域的城市安徽省南部黄山市。

黄山为三山五岳中三山的之一，有"天下第一奇山"之美称。为道教圣地，遗址遗迹众多，传轩辕黄帝曾在此炼丹。徐霞客曾两次游黄山，留下了"五岳归来不看山，黄山归来不看岳"的感叹。李白等大诗人在此留下了壮美诗篇。

奇松、怪石、云海、温泉被誉为黄山四绝。最著名的黄山松有：

迎客松，送客松，蒲团松，黑虎松，探海松，卧龙松，团结松，龙爪松，竖琴松，陪客松——这就是黄山的十大名松。黄山"四绝"之一的怪石，以奇取胜，以多著称。已被命名的怪石有 120 多处。其形态可谓千奇百怪，令人叫绝。似人似物，似鸟似兽，情态各异，形象逼真。自古黄山云成海，黄山是云雾之乡，以峰为体，以云为衣，其瑰丽壮

黄山迎客松

观的"云海"以美、胜、奇、幻享誉古今，一年四季皆可观、尤以冬季景最佳。黄山"四绝"之一的温泉（古称汤泉），源出海拔850米的紫云峰下，水质以含重碳酸为主，可饮可浴。黄山之水，除了温泉之外，尚有飞瀑、明荃、碧潭、清溪，著名的有"人字瀑"、"百丈泉"和"九龙瀑"，并称为黄山三大名瀑。

黄山之美，是一种无法用语言来表述的意境之美，有着让人产生太多联想的人文之美。

11. 雁荡山

雁荡山位于中国浙江省乐清市境内，部分位于永嘉县及温岭市。始于南北朝，兴于唐，盛于宋，素有"寰中决胜"、"海上名山"之誉。史称"东南第一山"。总面积450平方千米，500多个景点分布于8个景区，以奇峰怪石、古洞石室、飞瀑流泉称胜。其中，灵峰、灵岩、大龙湫三个景区被称为"雁荡三绝"。特别是灵峰夜景，灵岩飞渡堪称中国一绝。

雁荡山系绵延数百千米，按地理位置不同可分为北雁荡山、中雁荡山、南雁荡山、西雁荡山（泽雅）、东雁荡山（洞头半屏山），通常所说的雁荡山风景区主要是指乐清市境内的北雁荡山。由于处在古火山频繁活动的地带，山体呈现出独具特色的峰、柱、墩、洞、壁等奇岩怪石，称得上是一个造型地貌博物馆。

（二）河流湖泊

1. 冰雪世界

长江源头地处号称世界屋脊、气势雄伟的青藏高原腹地，幅员广袤，地势高亢，山体宏伟，庞大，绵延千里，高大雪峰，耸立云霄。自第四纪以来，青藏高原经历了多次冰期与间冰期的冷暖和交替，是地球上中低纬度地区最大的冰川作用中心。高原上的冰川，总面积占全国冰川面积的4/5，约47000平方千米。唐古拉山脉西段，发育着银龙飞舞的现代冰川；其北坡由于构造活动剧烈，在断陷谷地边缘的古生代石灰岩中，则分布着南北长约10千米的温泉带。因此，在这个既有万年冰川，又有温泉带的奇特地区，就出现了江源的三大奇景——冰塔林、冰碛湖和泉华台。

（1）冰塔林

冰川，顾名思义，是"冰"成之川，大多形成在气候比较寒冷而降雪比较丰沛的地区。江源地区的积雪一年四季不融化或融化不完，逐渐地转化为坚硬的冰川冰。大量的冰川冰汇集起来，重量不断增加，就缓慢地向下移动，形成了冰川。冰川在长期流动过程中，受地形、阳光、风力、流水等作用的影响，表面发生断裂消融，平滑的冰面，变成了纵横交错的深沟窄梁，有凸有凹，有的背阴，有的朝阳，年深日久，在冰川的尾部，就被阳光溶蚀镂刻成奇异华丽、姿态万千的一座座冰塔林。

在阳光的映照下，奇特瑰丽的冰塔林，闪耀着斑斓、迷人的色彩。这些由各种形状的透明冰体组成的冰川结构，高低不一，高度

由数米到四五十米不等，外貌千姿百态，有圆锥形、柱形、塔形。有的高高耸立，好似擎天玉柱，有的横空飞架，下有流水洞穴，有的似疏落的"金字塔"，有的像玲珑剔透的假

冰塔林

山；有的如亭亭玉立的神女飞仙，又有的像飞禽猛兽，有的似伸向长空的利剑。还有上边顶着巨石，下边撑着长长冰茎的冰蘑菇，以及幼小稚嫩的冰芽。那些巨大的拱形冰洞，门前垂着晶莹闪闪发光的冰凌，尖端上还滴着冰水，俨如壮丽宫殿中的珠帘翠幕。洞壁空明剔透，倒悬着的串串冰钟乳，则像殿堂里高悬的天灯。

（2）冰碛湖

从唐古拉山口北侧折向东行，翻过一座座山丘，越过一条条小溪，便到了布曲源头的冰川终碛。只见在湛蓝的天幕上，映衬着一道高矗云天，硕大无比的玉璧，这就是海拔 5817 米的门走甲日大冰川。

顺着冰舌向下游走去，在阵阵的瀑布声中，眼前陡然呈现极其奇特壮观的景色。在冰舌前缘有一条横向大裂缝，形成一道极为险峻的冰悬崖。悬崖下边，横亘着一个由冰川沉碛物堆积而成的天然弧形"大坝"和盛满"玉液琼浆"的冰碛湖。这个湖南北长约 140 米，东西宽约 100 米，三面雪山冰川环抱，冰坝外坡十分陡峻。这是由于在第四纪最后一个冰期结束后，气候较暖，冰川慢慢消融退缩所留下的"遗迹"。在漫长的消融过程中，冰川由于重力作用，不断推落峡谷两侧的岩石，慢慢将岩石移到冰川的末端，逐渐堆积起来，这样，冰川虽然消融退缩了，而它所挟带的砾石，却逐渐堆积而成"大坝"，挡住了下泄的冰川溶水，于是形成冰碛湖。在湖畔石

隙岩缝中，在 5400 米的雪线附近，各种高原花卉，争艳斗丽。尤其是"高原花王"雪莲，更是傲霜斗雪，迎风怒放，生机勃勃。向阳处的湖心，水色湛蓝，碧波荡漾，而湖面四周，凝结着厚厚的冰凌。更为奇特是冰舌西边，有一处飞瀑，像珠帘，似白练，自冰崖顶上飞洒向下，水花四溅，雨雾纷飞。静静的湖面上，倒映着雪山冰川，蓝天白云，而蒙蒙雨雾，又给它添上几分迷幻的色彩。

（3）泉华台

青藏高原隆起的历史短，地壳内部一系列复杂的地质过程尚未停止，许多地方岩浆活动频繁。由于以岩浆活动为主的地下热资源特别强大，所以高原上地热资源十分丰富。它的形式多种多样，我们常见的温泉就是其中的一种。江源地区的温泉带上，泉群总涌水量大约 10 升/秒。巨川不弃涓滴，这一眼眼泉水，也是长江源头的水源之一。这里的温泉，不少出露在 4 ~ 5 千米的高山地区。山上是白雪皑皑的高峰，山下竟是热田蒸汽腾腾，甚至形成白色汽柱与雪峰银装相辉映，构成独特的秀丽景色。不过，最引人注目的还是由温泉形成的奇特泉华台。

泉华台从上到下，凝聚着褐黄色、绛红色和灰白色的泉华堆积体。这是由于温泉中含有钠、钾、钙、镁和硫等矿物质，长年累月，逐渐沉淀积聚凝结而成，所以在外形上呈波浪形花纹。

江源温泉带中的温泉和泉华台，由于构造不同，也形态各异。在当曲支流当拉曲上游皂毛日阿通附近，有一座呈绛红色圆锥体的泉华台，以高取胜，高达 20 余米，最为壮观。在青藏高原 107 道班附近有一泉眼，洞口小，内径大，在正午阳光映照下，洞内五光十色，被誉为"万艳泉"，以它的奇特和艳丽，吸引着青藏公路上的旅客。

2. "神牛"喷出的清水河

沱沱河出祖尔肯乌拉山后，继续北流，至葫芦湖南的江塔曲江，便急转东流，进入新生代断陷而成的沱沱河盆地。在沱沱河盆地，

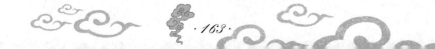

河谷开阔，两岸有较大支流和湖泊汇入。在青藏公路沱沱河附近，河床宽达 500 余米，河中浅滩散布，水流在宽阔的河床中激荡，相互交织呈辫状，最大水深 3 米，最大流速可达每秒 2 米左右，多年平均流量 29.4 平方米/秒，最大流量为 750 立方米/秒，最小 0.04 立方米/秒，年径流量 9.27 亿立方米，继续东流至襄极巴陇附近，河水紧束在两岸岗地之间，河谷宽 200 米，水面宽 30 米左右，沱沱河在此与长江源头的另一条重要河流当曲汇合。从汇合处到青海玉树的巴塘河口，称为"通天河"，全长 813 千米。

汇集海拔四五千米高原河流之水而成的通天河，确实可以称得上通天的河流，那天上流下来的清泉，使通天河两岸草绿羊肥，充满生机。通天河两岸的自然条件复杂，属高原性气候，昼夜温差大，日照长，光能资源得天独厚，形成了多种类型的天然草原牧场：既有水草丰美的高山草甸草场，也有草青水绿的沼泽草场，既有百花盛开的灌木草甸草场，也有山高林密的森林草场。各种草场，构成了一幅幅多姿多彩的草原风光。每到春夏两季，这里便是一派"天苍苍，野茫茫，风吹草低见牛羊"的景色。

通天河上游

通天河大致可分为三段：在楚玛尔河汇口以上，为第一段，仍属长江江源高平原区，地面高度一般在海拔 4500 米左右，自西北向东南倾斜，地形起伏平缓，局部丘陵和低山一般高不超出江面 30 米，且距河谷较远，仅在科欠曲河附近有相对高度 400 米左右的山岭，河流两岸为坦荡和缓的高原草甸，草甸上不时出现成群奔驰的野牦牛、野驴、藏羚羊、黄羊等野生动物。除个别河段较狭窄外，

河谷开阔，河槽宽浅呈梯形，宽度一般在 300～1700 米。河道蜿蜒，河流缓慢而散漫，汊流很多，甚至七八股水流交织成网，河心出现大片沙洲和草滩，沙洲草滩上天鹅、棕头鸥、斑头雁等成群栖息，河中不断有鱼跳跃。这一带河谷两岸没有阶地，河水经常冲蚀岸边的沙土、草甸而垮塌，使河床不断地变宽改道，有时水网如麻，难以辨清主流。

其间汇入的支流，右岸有莫曲、牙哥曲、科欠曲，左岸有然池曲、北麓河（又叫勒池勒玛曲）、楚玛尔河，其中以莫曲水量最为丰沛。

从楚玛尔河口至登艾龙曲口为第二段，是由高平原宽谷向高山峡谷过渡地段，水流渐转东南，两岸山岭距河床较近，相对高度可达 500 米左右，峰顶浑圆，河谷呈不对称的梯形或宽 "U" 形，河岸阶地发育，河槽水流分汊现象逐渐减少。特别是一出曲麻莱，就进入 "V" 形河谷，见不到沙洲与河心滩，两岸几乎是基岩直插河中，河流合成一股。其间主要支流左岸有色吾曲，右岸有宁恰曲、登艾龙曲，长度均超过 100 千米。

登艾龙曲以下，通天河进入高山峡谷区，是为第三段。两岸山岭紧束，高出河床 400～600 米，河谷 "V" 形和 "U" 形相间，河槽归一，曲流弯转，局部河段水流分汊，但河谷束放不明显，水面宽 50～200 米，水深增加，两岸阶地发育，沿河出现阶地。其间主要支流，左岸有德曲、曼宗曲，右岸有叶曲、巴塘河。德曲和叶曲的长度均超过 100 千米，德曲水量最为丰沛。

通天河上设有直门达水文站，进行水文观测。实测资料说明，通天河多年平均流量为 385 立方米/秒，年水量为 122 亿立方米。由于它水量丰富，在长江流域综合利用规划方案中，有一个西线南水北调方案，就是把通天河的水，通过色吾曲与黄河的分水岭引向黄河源头，也可以引向北去的格尔木河，改善西北地区的干旱水利条件。

3. 金沙江

平静的通天河，穿过水草丰美的玉树草原，在巴塘河口结束了它的全程后，流经山高谷深的横断山区，摇身一变，成了狂暴的金沙江。

自巴塘河口至四川宜宾的岷江河口，段称为金沙江，全长2308千米，占长江总长度的1/3，流经青海、西藏、云南、四川四省区。

金沙江景色壮丽，沿江居住有藏、白、纳西、普米、彝、傈僳、汉族人，他们因地因时，依据各自的习俗和想象，分别称其为丽水、绳水、泸水、苦水、黑水、淹水、马湖水……宋代开始，人们发现了江中盛产沙金，淘金者蜂拥而至，金沙江由此而得名。直至今日，沿江上下，常常可以见到一簇簇白色帐篷，人声嘈杂，机声隆隆，一个个淘金队在向大江索取财富。

金沙江的起始处是离玉树不远的通伽峡。从通天河上游浩荡而下的江水，到了通伽峡，为几组高坚的礁石阻拦，发出狂吼，溅起巨浪，怪诞的漩涡冲宽了狭窄的谷身，巨浪到这里回旋，冲击力到这里倍增，摇撼着整个峡谷。

金沙江从青海玉树的直门达进入川藏两省（自治）区之间的高

长江上游的金沙江

山峡谷之间，当地人又称为布垒河，是四川和西藏的天然界河。它像一把利斧，在崇山峻岭中劈出一线通道，在高大的沙鲁里山和宁静山夹峙下，一直向南奔泻，谷宽仅100~200米，窄处只有50~100米。右岸宁静山以西为我国西南另外两大河流——澜沧江与怒江（两河中间为他念他翁山），左岸沙

鲁里山以东为金沙江最大支流雅砻江。它们相邻比肩，由北向南平行奔涌，之间相隔最近的地方，直线距离仅有几十千米，形成"两山夹一川"、"两川夹一山"谷峰相间如锯齿，江河肩齐向南的独特地理单元，这就是闻名于世的横断山区。

本段金沙江因流经高山深谷，流域狭窄，除松麦河（亦称定渠河）较长外，其余的支流均极短小，主要有赠曲、欧曲、藏曲、热曲、曲戈河、达拉河、中岩曲、支巴洛河。

4. 长江第一湾

金沙江流至云南石鼓，突然甩开并肩南流的澜沧江与怒江，急转一百多度，改向东北流去，在水落河附近又回头南流，直到金沙街附近，又向东去，形成了一个300多千米长的"W"形弯道。

金沙江在向东转折的过程中，受到多组断裂构造的控制，河道十分弯曲，恰似一条矫健的银龙在崇山峻岭中飞舞，真是"百折千回向东去"。而石鼓附近的大弯道，是长江由向南流变为向东流的一个重要转折，被称为"长江第一湾"。

"长江第一湾"形成的原因在科学界有各种说法。以前不少人认为金沙江原来也是一路向南流，或是流入漾濞江，再汇入澜沧江；或经洱海，注入红河上游元江。后来，因地壳变动，四川盆地沉降，

长江第一湾

横断山区抬升，长江河道不断向西侵蚀，最后在石鼓附近将金沙江夺为自己的上游，结果形成了石鼓附近奇特的大拐弯。可是近年来经过实地考察，在石鼓附近并没有发现河流袭夺的痕迹，石鼓以南地区并未发现古河道，漾濞江和洱海与红河上游礼社河之间也未发现古河床

的遗迹。因此，石鼓大拐弯应当是在北西向与北东向的两条断裂带控制下形成的。雅砻江下游洼里附近类似的大拐弯同样也是受构造控制影响所致。石鼓就在金沙江右岸河曲的冲积阶地上。

5. 举世罕见虎跳峡

石鼓以下，金沙江河道又渐渐束窄，35 千米后，进入举世罕见虎跳峡。峡的两岸是高达 5600 米的玉龙雪山和哈巴雪山。虎跳峡全长 16 千米，主要由变质的泥盆纪石灰岩构成，分上虎跳、中虎跳和下虎跳三段，共 18 个险滩，上下峡口高差有 220 米，平均比降达 14‰，江面宽处 60 米，最窄处只有 30 米。下虎跳江面最窄，并有巨石兀立江中，千股万股江流排山倒海奔腾而来，撞击在巨石上，溅起半天高的水花。传说傈僳族猎人追一猛虎，虎从此石跃江而逃，虎跳峡即因此得名，此石亦因名虎跳石。中虎跳，江心獠礁林立，激流相交，晶花腾空，两岸绝壁，怪石倒悬。上虎跳，峡谷如两扇敞开巨门，江心为一堵高坎，高坎屹立着一块圆形巨石，人称"罗汉守门"。金沙江的巨流，就从"罗汉"石两侧，夺路飞奔，以崩天坠地之势，向下猛砸，激起千尺浪花。穿行在曲曲折折虎跳峡谷之中的金沙江，以相当于黄河 3 倍的水流量，以高屋建瓴之势从"一线天"中急流飞泻，在连续 7 个陡坎中，形成一条"滚雪"飞浪的河流，雷霆万钧，势不可挡，雷鸣般的吼声，不断在峡谷中回荡。如果在这里利用这个巨大的落差修建高坝，电站装机可达 500 万千瓦，年发电量 300 多亿度。

虎跳峡

6. 川江的四大支流

（1）岷江

两源汇一流岷江在四川省中部，因发源于岷山而得名，古名汶江，又称都江、大江。

岷江上源有东西二源，分别出于四川境内西北部岷山南麓弓长岭和郎架岭，于松潘附近红桥关会合后，南流，经都江堰市，穿成都平原，至乐山纳入大渡河，于宜宾市入长江。干流全长735千米，总落差3560米，平均坡降4.83‰，流域面积约135000平方千米。右岸山势陡峻，主要支流有黑水河、杂谷脑河、大渡河、青衣江和马边江、呈不对称的树枝状水系。

岷江以都江堰市和乐山市划分为上、中、下游。都江堰市以上为上游，源头属松潘高原，海拔3000～4000米，地形坦缓；松潘西宁关以下进入峡谷，汶川以下，河谷深切，河宽仅50～100米，滩多流急。流至都江堰市，进入成都平原。成都平原的地势，由西北向东南，岷江至此，骤然开阔，河床坡降变缓，水流速度变慢，江水从上游挟带来的卵石、泥沙、便在这里大量积存下来，造成河道淤塞。每逢雨季，河水常常泛滥成灾，而枯水季节，平原上又易遭干旱。为了解决成都平原水旱灾害，战国末期秦蜀郡守李冰父子修建了举世闻名的都江堰。后代屡有扩建。2000年来，它一直对成都平原农业生产发挥巨大效益。

岷江最大的支流是大渡河，大渡河古称沫水，发源于川、青两省交界的果洛山（海拔5369米）东麓。但大渡河本身却是一条大河。论水量，占岷江的一半以上，论长度，也比岷江要长。当作岷江主流的乐山以下的岷江，无论从长度、年水量和流域面积来考虑，都远不及大渡河，只是由于大渡河也像金沙江一样，穿行在万山丛中，不为人们所了解，于是，也就习惯地把它当作岷江的支流了。

（2）沱江

沱江，又名外江、中江，是四川工业城市最集中的河流。它位于四川省东部，源流有三：东源出自茂汶县界、海拔3664米的米茶坪山南麓，南流过绵竹县汉旺镇称绵远河，西南流经德阳、广汉等县境，至金堂县汇合中源。中源出自什邡县北、茂汶县南，海拔4969米九顶山南麓，沿什邡与绵竹两县之间（是为两县界河）南

流，称石亭江，至广汉县穿过宝成铁路与东源汇合；西源出自彭县北部茶坪山南麓，南至新兴镇附近，分为13支灌溉渠，尾水流至金堂县流入北河。一般以东源为主源。三源至金堂县赵家渡汇为沱江干流，始称沱江。现三源已被引水渠切割，源流关系渐不明显。此外，又从岷江内江引水分出的柏条河和青白江，也于金堂流入沱江，故沱江又与岷江共称为"双生"河流。

（3）嘉陵江

流域面积最大的支流嘉陵江，古称阆水、渝水、因流经陕西凤县东北嘉陵谷而得名。上源有二：白龙江和西汉水。白龙江，古名桓水或垫江，源出甘南高原西倾山东端的郭尔莽梁德合拉卜哉峰东北麓、甘肃碌曲县与四川若尔盖交界处的郎木寺附近，曲折东南流，经迭部、舟曲、武都城，至文县罐子沟出甘肃境，于四川昭化旧城注入嘉陵江，全长576千米。流域内山岭高耸，河谷深陷，水流湍急，不利航行；主要支流有达拉沟、多儿沟、小岷江、拱坝河、白水江及四川境内的青川河等。西汉水，为主源，发源于秦岭西南，因在汉江之西，故称西汉水，直至陕西略阳县两河口以下始称嘉陵江，南流，与白龙江相汇于四川省广元县昭化。

两源相合后，继续南流，经广元、旺苍、剑阁、苍溪、阆中、蓬安、南充、武胜，与支流涪江、渠江汇流于合川附近，在重庆市朝天门附近注入长江。全长1119千米，流域面积16万平方千米，是长江水系中流域面积最大的支流。流域东北面以秦岭、大巴山与汉水为界，东南面以华蓥山与长江相隔，西北面有龙门山与岷江接壤，西及西南为一低矮的分水岭与沱江毗连，介于东经102°30′~109°，北纬29°40′~34°30′之间，大致在四川盆地东北部，河流的绝大部分流经四川盆地。

昭化以上为上游，河流曲折，穿行于秦岭、米仓山、摩天岭等山谷之间，河谷切割很深，属于山区河流，河谷狭窄，水流湍急，支流众多，水量丰富，自然比降达3.8‰，水能开发量大，但水流

急，多滩险礁石，不便航行。

昭化至合川为中游。河道逐渐开阔，宽度在 70～400 米之间，地形从盆地北部深丘逐渐过渡到浅丘区，曲流、阶地和冲沟十分发育。比降变缓，自然比降 0.28‰，与涪江、渠江的中下游构成川中盆地，高程仅 200～400 米，是为中游盆地区，有航运之利。

合川至重庆段为下游，河道经过盆东平行岭谷区，形成峡谷河段，地势复上升为山区地形，谷宽约 400～600 米，水面宽 150～400 米，其间著名的嘉陵江"小三峡"即为河流横切华蓥山南延支脉九峰山、缙云山、中梁山后，形成的风光绮丽的沥鼻、温塘、观音三峡谷。三峡谷山高崖陡，峭拔幽深，形势险要，宛如长江三峡之缩影，故称之为嘉陵江小三峡。沥鼻峡居于北部，长而宽，在石灰岩构成的岩壁上，有多级溶洞发育，形如鼻孔，有暗河水从洞孔中流出，长年不断；温塘峡又名温泉峡，位于中部，因峡中有三股温泉而得名，峡长 2.5 千米，峡谷深邃，江水平静，风光妩媚多姿；观音峡坐落南部，因古有观音庙而得名。

嘉陵江支流众多，最大的支流有涪江和渠江。涪江，源出松潘与南坪两县之间分水岭，松潘县雪宝顶北坡三岔子东南麓，东南流折向南流，至平武县城东纳入右支火溪河后，始名涪江，南流经剑阁县北部、江油县南部，绵阳等县、市，在合川县城郊注入干流。全长 700 千米，流域面积 3.64 万平方千米。渠江，也称渠河，古名潜水，又名岩渠水，两晋时称巴江、巴水，宋以后定名为渠江。有两源，东源州河出自川、陕两省边界大巴山脉西南麓，西南流至渠县三汇镇汇合北源，北源巴河出自川、陕两省边界米仓山南麓，南流汇合东源后，始名渠江。经渠县、广安、岳池、邻水等县境，在合川县云门镇姚家沟村附近注入干流。全长 720 千米，流域面积 3.92 万平方千米。

（4）乌江

川江四大支流之一的乌江，又称黔江。它是长江上游右岸最大

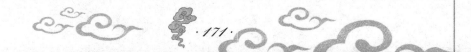

的支流。干流上游三岔河源出贵州西部高原威宁县乌蒙山东麓香炉山花鱼洞，东南流经威宁、水城、六枝、普定，至织金和平坝边界折而东北流，再经黔西、修文、息烽、金沙、遵义、翁安、余庆、湄潭，至思南，横贯贵州高原中北部；思南以下转向北流，进入四川盆地，经酉阳、彭水，在武隆县境内折向西北流，至涪陵市汇入长江。全长 1037 千米，流域面积 8.792 万平方千米，河口年径流量 1590 立方米/秒。

从河源至黔西化屋和北源六冲河江流处为上游，沿岸高原、山地海拔 2400～1000 米，流经石灰岩区，山峦起伏，岩溶地貌十分发育，多溶洞，暗河。从化屋到思南为中游，沿岸高原、丘陵海拔 1000～800 米，河谷深陷，形成箱状的河谷，其间从化屋到编岩河称鸭池河，偏岩河以下始称乌江。从思南到河口为下游，沿岸地势已都在 800 米以下，其中在四川境内又称涪陵江、黔江。

乌江大部分河段都是高山深谷，崖坡陡峻，河道弯曲，水流湍急，礁石险滩遍布。如乌江渡至龚滩 405 千米，即有大小险滩 355 处，河道最窄处仅 50～80 米，谷坡坡度达 50～80 度，最大流速达 8.9 米/秒。

乌江自古以来为川黔航运要道，干流通航里程达 573 千米，可通行机拖轮。1989 年在乌江天险江界河渡口兴建的特大跨度桥梁，是贵州省 2900 多座桥梁中最壮观的一座。

7. 迷人的三峡

万里长江从沱沱河、通天河、金沙江接纳了千川百河，流经四川盆地，又汇聚了岷江、沱江、嘉陵江和乌江等几大支流之后，流量骤增，浩浩荡荡，以不可阻挡之势，横切巫山山脉崇山峻岭，形成了举世闻名的三峡奇观。

三峡是瞿塘峡、巫峡、西陵峡三段峡谷的总称，西起奉节的白帝城，东至湖北宜昌的南津关，全长 192 千米。瞿塘峡雄伟险峻，巫峡幽深秀丽，西陵峡滩多水急，各具特色。峡谷之间为向斜和构造盆地所隔开，在江水的作用下，形成较为开阔的宽谷。三段峡谷分别由大宁河宽谷、香溪宽谷、庙南宽谷所间隔。整个长江三峡河段中，峡谷段长 88 千米，宽谷段长 108 千米。峡谷段基本上均为石灰岩区，宽谷段主要为砂岩、泥岩夹灰岩、火成岩等构成。峡谷中，群峰耸立，悬崖万丈，江面狭窄曲折，江中滩礁密布，激流百转，气象万千，宽谷处江面开阔，坡谷平缓，居民和耕地比较集中，层层梯田，可种稻麦，间以橘林茶圃，风光秀丽，景色宜人。

瞿塘峡

瞿塘峡，又名夔峡，是长江三峡的第一峡，峡道自白帝城至巫山县大溪口，全长 8 千米，在三峡中最短、最窄，而气势和景色最为雄奇壮观。峡口赤甲、白盐二山对峙大江南北，山势岌岌欲坠，形如两扇大门，称夔门，

"众水会涪万，瞿塘争一门"是此处生动写照，山岩上刻有"夔门天下雄"五个大字。江水夺门而出，汹涌澎湃，唐诗人白居易有"岸似双屏合，天如匹帛开"的诗句。赤甲山因含有氧化铁的水溶液附在风化的岩层表面，故土石呈红色；白盐山因土石含钙质量大，故色似白盐，在阳光照耀下，交相辉映，形成"赤甲晴辉"和"白盐曙光"之胜景。

出瞿塘峡，经过 25 千米的大宁河宽谷，便是幽深秀丽的巫峡。巫峡西起大宁河口，东至湖北巴东县官渡口，系江流切穿巫山背斜而成，绵延 40 千米，中无间断，为三峡中最完整的峡，故又称大峡，由金盔银甲峡、铁棺峡、巫峡（狭义）组成。漫漫巫峡，江流迂回曲折。两岸山岭耸峙，高峰海拔约 1000 米，形成著名的"巫山

十二峰"。十二峰由耸峙大江南北两岸的登龙、圣泉、朝云、神女、松峦、集仙（以上六峰在长江北岸），飞凤、翠屏、聚鹤（以上三峰在南岸）和上升、净坛、起云（以上三峰分布在官渡

巫峡

河南北两岸）等共同组成。其中以神女峰最著名，海拔940米，高出江面860米。

出巫峡东口，经过长约45千米的香溪宽谷，便进入长约75千米的西陵峡，它分为东西两段：西段从香溪至庙河，长15千米，由长江横切北北东向的黄陵背斜西翼形成，包括兵书宝剑峡和牛肝马肺峡两段。本河段滩险众多，以新滩（青滩）最险，为岸坡崩塌，砾石堆积江中而形成的枯水急滩。

从庙河至南沱，是长34千米的庙南宽谷，长江在此穿过黄陵背斜的核心部。本段西部2.5千米河段，是著名的崆岭滩。崆岭滩，

西陵峡

亦名崆岭峡，乱石林立，涛如雷鸣。这里峡口如瓶，夹峙而立的两面悬崖，犹如两扇门扉锁住江流。峡口下，江水被一块名叫大珠的巨石分为南北两槽，两槽汇合处，又有头珠、二珠、三珠等数十块礁石，横

亘江心，切断江流。西陵峡东段从南沱到南津关，长20千米，属黄陵背斜的东翼，长江横切震旦系、奥陶系、石灰岩，形成三峡最东段的雄伟峡谷。

长江三峡的峡谷河段基本上由沉积深厚的碳酸盐岩类构成，这种易被水流溶蚀的岩石，在多次构造运动的影响下，岩层的节理、裂隙、断裂、褶皱、隆起等，都为水流溶蚀提供条件。加上三峡地区处于亚热带温热气候条件下，酸性的低矿化度降水具有较强的溶蚀能力，因而促进了岩溶地貌的发育。三峡地区普遍分布着孤峰、石芽、溶洞、溶沟、岩溶漏斗、岩溶洼地等岩溶地貌景观。

长江三峡控制了长江上游宜昌以上100万千米面积的来水，多年平均流量均约4500亿米，约为长江入海总水量的一半，蕴藏着巨大的水利资源，如在这里建坝，不仅可以获得巨大的电力，而且在防洪、航运、养殖和旅游等方面也可以取得巨大的综合效益。

8. 荆江

自三峡的瓶口——南津关奔涌而出后，再也没有高峡深谷的阻挡。长江终于结束了它4500余千米奔腾激越的上游行程，进入平野无垠水天一线的中下游平原。南津关以下的长江，虽然比三峡远为宽阔，但两岸山势未尽，分布着属白垩系、第三系的红色碎屑岩丘陵，谷深100~150米，江边有多级基座阶地分布，河床宽数百米，河漫滩狭窄，河道微弯，弯曲处有边滩、心滩出露，河道变化较稳定，属单一微弯型河道。

江水直到荆门山后，情形才发生变化，所以古人常把荆门山视为三峡的东口。荆江原长404千米，今长331千米，宽度一般在2000米左右。河道呈西北、东南向，习惯上以藕池口为界，分为上荆江和下荆江。上荆江长164千米，河道弯曲并呈周期性展宽，下荆江江流蜿蜒曲折，河道长度为240千米，而直线距离只有80千米，江流在这里绕了16个大弯，素有"九曲回肠"之称，属典型的蜿蜒型河道。"万里长江，险在荆江"。长江洪水一出三峡，荆江首

当其冲。为抵御洪水，保护农田、村庄，千百年来，荆江两岸人民坚韧不拔地修筑了蜿蜒于荆江两岸的"伏洪长城"——防洪大堤和堤边的防浪林带。荆江堤防的历史十分悠久，最早似乎可以追溯到大禹治水时期。

9. 汉江

汉江，古名沔水、汉水，又名襄河，初名漾水，亦名漾川，有南、北、中三源，即漾水、南河（即玉带河）、沮水。过去一般以中源为正源，即发源于陕西宁强番冢山的漾水。全长 1577 千米，为长江最长的支流，流域面积 15.9 万平方千米，在长江各大支流中，仅次于嘉陵江，多年平均径流量 563 亿立方米，河口年平均流量为 1820 立方米/秒，天然落差 1964 米，水能理论蕴藏量 1066 万千瓦，可能开发的水力资源装机容量达 600 万千瓦。

汉江由烈金坝东流至大安驿，成 1000 米宽的小型盆地，当地洪枯水位相差不过 1～2 米，唯河道散乱，水无定槽，两岸田地都遭冲毁变成荒滩。其后流入峡谷，至新铺湾则又为一盆地，情况与大安驿相仿佛。再东行至炭厂市，南源南河来会，至沮水铺，源出陕西留坝秦岭山脉、海拔 2610 米的紫柏山西南麓的北源沮水来会。南北两源的流域面积长度和水量均较中源为大，但河谷都是非常仄隘的峡谷。三源会合后，汉江已具有大河规模，再经约 10000 米之峡谷，至武侯镇上游高家泉出峡，进入平坦开阔的汉中盆地。自西向东从汉中盆地穿过的汉江，河谷开阔，两岸为冲积平原。汉水出汉中盆地，便进入一段 600 余千米的峡谷河段。汉江急剧下切，两岸重峦叠嶂，河床狭窄，最窄处仅 50 米，最宽处亦不过 200 米，江流被约束在陡峻的河谷中，水流湍急，有一泻千里之势，蕴藏着丰富的水利资源。汉水过均县后，东南流经老河口市、谷城、襄樊、宜城、钟祥，而进入下游平原地区，过潜江、天门、仙桃、汉川、蔡甸等县市，在武汉市龙王庙注入长江。

汉江可分为上中下三段。丹江口以上为上游，长约 925 千米，

集水面积9.52平方千米。穿行于秦岭、大巴山之间,河谷常与岩层走向斜交,平均比降为0.6‰,交替出现峡谷和盆地,河道蜿蜒曲折,束放相间,滩多水急,重要滩险有100余处。丹江口至钟祥为中游,长约270千米,平均比降0.19‰,集水面积4.68万平方千米,河流流向从东西方向转变为西北至东南。穿行于低山、丘陵、岗地间,流速减缓,河谷略见开阔,枯水期河宽一般增至300~400米,洪水位河宽2000~3000米,最宽处达5000~6000米,最大洪水时期最宽地区扩展至8000~10000米,洪水泛滥于全部平原地区,直达两边岗地边缘,唐白河下游平原亦完全被淹没。河床宽广不稳定,冲淤多变,沙滩罗列。汉江进入平原后,流速骤缓,河中停积泥沙甚多,常常此冲彼淤,变化很大,洪水时期河床冲刷甚烈。钟祥以下为下游,长约382千米,平均比降0.09‰,集水面积1.7万平方千米。穿行于江汉平原间,水流缓慢,河床淤浅,河曲至为发育,有"曲莫如汉"之说。各段河道的中心里程比直线距离长得多,汉江从钟祥到汉口,河身长388千米,直线距离仅210千米,相差达142千米;又如东荆河,从泽口到沌口,河身长210千米,直线距离仅136千米。两岸自明代起,筑有堤防,河道沿途收束,河槽上宽下窄,成漏斗状。汉江在钟祥一带寻常洪水期宽达3000~4000米,自泽口至张截港,河槽宽约1000米,张截港以下至麻洋潭减至500米,黄新场与仙桃之间已缩至350米,仙桃以下更窄,至武汉市附近最窄处仅100米。

10. 清江

清江,古称夷水,水色清照十丈,分沙石。蜀人见其澄清,因名清江。在湖北省西南部,是长江中游右岸重要支流。清江发源于利川县东北部齐岳山龙洞沟,自西向东切割云贵高原东部边缘的鄂西群山,大部分河段形成高山深谷,急流险滩众多。主河道曲折北流折向东流,经利川、恩施、宣恩、建始、巴东、长阳、宜都7县市,至枝城市北注入长江。干流全长423千米,流域面积1.67万平

方千米。流域内石灰岩广布,喀斯特地貌发育。属中亚热带季风气候,年降水量1415毫米,并且集中在夏季。

清江干流分为三段:河源至恩施为上游,全长153千米,河床平均比降6.5‰,多高山峡谷,地势崎岖,水流湍急,落差大,富水力资源,沿程多伏流、溶洞,如利川市长堰干流河段,伏流26千米,名雪照河;恩施至资丘为中游,长160千米,平均比降为1.8‰;资丘至河口为下游,长110千米,平均比降为0.74‰。中下游为低山与丘陵,河谷渐宽,为半山溪性河型。清江流域地势自西向东倾斜,除上游利川、恩施、建始3块较大盆地及河口附近有少数丘陵、平原外,80%以上是山地,呈高山深谷地貌。

清江水系发育,支流流短坡陡,分布成羽状,流域面积在500平方千米以上的主要有忠建河、马水河、野三河、龙王河、招来河、丹水、渔洋河。

11. 洞庭四水

(1) 湘江

流域宏阔湘、资、沅、澧四水,分别发源于南岭山地和贵州高原东部,纵贯湖南全境,会聚于洞庭湖,构成以四水为骨干,洞庭湖为总枢纽的庞大水网,总称洞庭湖水系。四水中最大的湘江,是一条蕴含悠久历史文化的河流。湘江发源于广西临桂县海洋山西麓海洋坪的龙门界。上源源头由灰岩溶洞中涌出汇集地表径流原称海洋河,至兴安以灵渠分水与漓江沟通,兴安以下始称湘江,东北流至全县,汇灌江及罗江,经八斗岭,入湖南东安县,经零陵纳潇水,茭河口纳春陵水,衡阳会蒸水和耒水,衡山纳米水,湘潭纳涟水和涓水,长沙会浏阳河,新康纳沩水,在湘阴县濠河口分左右两支汇入东洞庭湖。

湘江干流全长856千米,流域面积94660平方千米,沿途接纳大小支流1300余条,年水量达722亿立方米,大有"日夜江声下洞庭"之势。

湘江在零陵萍岛以上为上游，主要流经石灰岩地区，溶洞等各种岩溶地貌普遍发育，河谷狭窄，河床比降大，河宽 100 多米，两岸层峦叠嶂、苍山如画。右岸有支流潇水汇入。零陵萍岛至衡阳之间的弯曲河段为湘江中游，长约 290 千米，干流河宽 250～600 米；两岸丘陵起伏，局部盆地与峡谷交替出现。衡阳以下，进入下游的湘水，由南向北纵贯湖南省东部，长达 326 千米，沿岸一般地势平缓，浅丘散布，河谷展宽至 500～1000 米，有的区段可达 3～5 千米，沿途支流众多，水量逐段增大；河中州滩相续。

湘水又北流，先后接纳捞刀河、沩水及汨罗江。湘阴濠河口以下为湘江尾闾部分，河道分流，港汊纵横，干流分为左右两支，右支沿湘阴城西侧而下，左支向西到刘家坝，再折向东北至临资口与资水洪道汇合，又东北至芦林潭，与右支相会，自成深泓，经磊石山入东洞庭湖。其间还散布着大小不等的湖泊，多为昔日洞庭湖遗址。

（2）资水

放荡资水与湘江迥然不同。如果说湘江水系好比一个撒开的巴掌，那么，资水则像一片羽毛，前者广大，后者狭窄。资水河长只比湘江短 227 千米，而它的流域面积却不到湘江的 1/3。湘江温顺平缓，资水险峻放荡。

资水有两源，习惯上常以左支赧水为正源，但按河源从长的传统习惯，应以右支夫夷水为正源。夫夷水一称罗江、夫彝水，比赧水河长 24.2%，发源于广西资源县越城岭北麓桐木江，往北北东方向，自新宁县窑市之南进入湖南，再与源出城步县青界山黄马界的赧水相会于邵阳县双江口，始称资水。

两源汇合后，东北流经新化、安化、桃江、益阳等县市，至甘溪港注入洞庭湖。河道全长 713 千米，流域面积 28100 平方千米，全河水量为 239 亿立方米，属湖南第三条大河。

资水在邵阳市下游 34 千米的小庙头以上称上游。河源地带流经

中山峡谷区，水浅坡陡，河谷狭窄，河床多基岩、块石和浅滩，形成急流；新宁以下进入丘陵和小型红层盆地，河面宽度由50米增至150米左右，沿程江流曲折，滩潭相间，水流平缓，岩壁上有成层凹槽和浪痕皱纹；峰壑之间，绿竹漪漪，田舍交错。汇合赧水后，流量大增，河床比降减小，河宽200~300米，河曲发育。再下过孔雀滩、神滩渡，抵邵阳市有邵水自右岸来会。

小庙头至桃江县的马迹塘为中游。两岸山峰耸立，陡险异常，资水横切雪峰山，形成峡谷险滩，峰谷高差常在500米以上。邵阳市以下至新化，不过120千米，其间有101滩，陡崖夹峙、水势险急，俗有"滩河"之称。以下河段除两岸依然陡险，河谷大段已展现为一弯湛蓝的山间长湖。

从桃江马迹塘以下，属于雪峰山尾翼，地势逐渐低缓，资水已进入下游河段。河谷开阔，宽度增至250~400米不等，平均坡降仅0.384‰，河床多沙洲浅滩，两岸系冲积阶地和丘陵，南岸仍多山地，先后自右岸接纳伊水、濑溪、志溪河等支流；益阳以下为广大的冲积平原，与滨湖平原（湘资三角洲平原）连成一片。

益阳甘溪港以下为尾闾段。资水分为南北两支，北支经黄口潭至大港子入南洞庭湖，南支经南湖洲出临资口，与湘江西支汇流入湖。

（3）沅江

沅江发源于云贵高原的东部，有南北二源：北源——重安江，又称诸梁江，出自贵州麻江平越之大山；南源——龙头江，又称马尾河，出自贵州都匀县的云雾山鸡冠岭，习惯上以此为沅水主干，经都匀、凯里，在黄平之螃蟹上汉河口与重安江汇合后，称清水江，又名剑河；先后流经四县，自天柱瓮洞之东的芷江蛮山进入湖南，又东流至黔城镇会合无水之后始称沅水；然后东北流经黔阳、溆浦、辰溪、泸溪、沅陵、桃源、常德等县市，在汉寿县注入洞庭湖西部的目平湖。

沅江干流全长 1022 千米，是四水中最长的河流；流域面积 89163 平方千米，四水中仅次于湘江；多年平均径流量 667 亿立方米，是湖南省第二条大河，也是长江七大支流之一。

沅江干流自河源至湖南黔城的清水江段为上游，属云贵高原，海拔 1000 米左右，多高山峻岭，河谷深切，岸坡陡峻，平均坡降为 1.07‰，河宽 50～150 米。清水江段高山夹峙，崖峰如剑，故有"剑河"之称，河中险滩鳞次栉比。自贵州锦屏至湖南黔阳托口之间计有 57 滩，然两旁山势渐低，杉林苍郁。干流从右岸托口接纳渠水。托口以下，水流比较平稳，间有小块平坝，滩多沙质，岩滩少见。再前流从左岸接纳无水。

沅江自黔城至沅陵为中游。干流大致沿雪峰——武陵背斜之间的沅穗大向斜，呈南西——北东方向延伸，但局部也与这一构造线斜交或横切而过。河谷两侧分布着中低山丘，间夹条带冲积平原，接纳的重要支流都属滩多流急的深切河谷。

沅水自沅陵以下，顺北东方向转入下游，山势逐渐降低，河道流速趋缓。但沅陵至麻伊伏，河谷顺背斜轴或沿断层发育，常深切于板溪群地层中。特别是穿过五强溪新构造上升的突起部位，河谷收缩，变得窄而平直，水流湍急，滩潭相间，形成长达 90 千米的五强溪峡谷。湖南省最大的一项重点电力工程——五强溪水电站已建成发电。

（4）澧水

山溪性河流澧水，亦作澧江，在湖南省西北部。上源有三，即北、中、南三源。北源一支出桑植县杉木界七眼泉，一支出桑植县西北八大公山天堂窝，二者在五道水会合，是为主源。中源又名绿水河，源出桑植县八大公山东麓；南源又名上洞河，源出永顺县龙家寨东北。南中两源先在两河口相会，后又在赶塔与北源相会。三源会后，往东南经桑植、永顺，再从永顺与大庸边境转向东北，经大庸、慈利、石门、临澧、澧县、津市等县市，由小渡口注入西洞

庭上之七里湖。干流全长 388 千米，共纳入 5 千米以上河流 326 条，流域面积 18496 平方千米，石门三江口站年平均流量 475 平方米/秒，河道平均坡降 0.788‰，属山溪性河流。

澧水干流自河源至桑植城为上游，河长 96 千米，两岸多崇山峻岭，山峰在 1000～2000 米之间，山深林密，雨量充沛，年雨量多在 1600 毫米以上；流域坡度大，河道平均坡降达 2.67‰；河谷深切，险滩毗连，水流湍急，一般只能通航 2 吨的小船。

澧水从桑植至石门为中游段，河道长 226 千米，平均坡降为 0.754‰。河道先由桑植城作南南东方向穿岭谷而下，至永顺东侧及大庸所，受阻于武陵山地，于是作 90 度大转弯，沿保靖——慈利大断裂带，顺武陵山主脉西北麓作北东——北东流向。两岸多陡岭高丘，峡谷与盆地相间，其中如上岩河、中岩河、下岩河，就属幽深峡谷段，而大庸、溪口、慈利、石门等城镇皆分别处于沿河串珠状的盆地中。

从石门至津市 66 千米，为澧水下游。沿岸山势逐渐低缓，除局部地段，一般海拔高度在 35～80 米，河道平均坡降为 0.204‰，逐渐展现开阔的平原地貌。在临澧西侧拦截澧水干流，兴建了青山水轮泵站，可发电，并灌溉田地。自张公庙以下，澧水干流泻入澧阳平原。

澧水虽是本省四大河流中最小的一条，河长不及湘江长度的一半，流域面积仅及湘江的 1/5，但由于中上游与长江三峡属同一暴雨区，降水量特多；干流及支流娄水、溇水坡降大，一遇暴雨，强度大，集流快，洪水峰高势猛，而且洪峰常出现在 6、7 月，汇流迅速的澧水洪峰，常在尾闾与长江经松滋口入洞庭湖的洪水遭遇，加之下游泥沙淤积，宣泄不畅，对湖区堤垸的安全构成严重威胁。澧水尾闾昔日是四水中尾闾洪水灾害最严重的河流。

澧水流域有丰富的旅游资源，流域内灰岩广泛分布，岩溶发育，山奇水秀，形态多姿，大小溶洞、漏斗、地下暗河、岩溶泉水等岩溶景观到处可见。著名的张家界一带多处风景区，都位于澧水之滨的大庸、桑植、慈利三县交界处的山谷地带。

12. 鄱阳湖五水

（1）赣江

鄱阳水系的第一大河由南到北纵贯江西中部地区的赣江，是鄱阳湖水系最大的河流。它的上源有章、贡二水，其中以贡水为主源。东源贡水，古代作东江，又名会昌江，《汉书·地理志》作湖汉水，由南北二支汇合而成。南支绵水发源于赣、闽交界处武夷山的黄竹岭，西南流经赣瑞金、会昌折向西北流，至于都称贡水。北支出自武夷山中段石城县石寨东部山坳间，西流过石城县坝口称琴江，南流经石城县西南，至大獒折向西北流，在黄石罐附近汇合梅江，西南流至于都县汇入贡水。两支汇合后，继续西流，至赣州市八景台和章水汇合称赣江。

西源章水，古称豫章水，源自赣、粤交界处的大庾岭，北流经大余、南康二县境，至赣州市汇合东源贡水。

赣江自赣州北流，经赣县、万安、泰和、吉安、新干、清江、丰城、南昌等9个县市，至南昌市下游形成若干分流，汇入鄱阳湖，其中一支经南新、至南矶入鄱阳湖；一支经塘山、尤口、滁槎、鲤鱼洲入湖；干流经南昌县联圩铁河，至永修县吴城镇附近入鄱阳湖。

赣江全长751千米，流域面积8.35万平方千米，约占江西省总面积的50%，每年流入鄱阳湖的水量约600亿立方米，约占鄱阳湖区径流量的50%，占长江大通站的8%，约为黄河的1.1倍，淮河的1.5倍，不仅是江西省第一大河，也是长江主要支流之一。

赣州市以上为上游，河道流经变质岩、花岗岩及红色岩所构成的山区、峡谷及盆地，河道纵坡长，多深涧溪流，落差较大，水力资源丰富，属山区性河流。东源植被稀少，水土流失严重，尤以兴国县境平江水系为典型，多年平均含沙量达0.72千克/立方米，是赣江流域内水土流失最严重的一条支流。

赣州至新干为中游河段，自然落差 63.6 米，平均坡降 0.203‰，水流一般较平缓，但切穿山丘间的河段则多急流险滩，尤其是自赣州市北流约 20 千米的储潭镇起，至万安县遂川江口的 90 多千米的河段中，河流切割遂犹山地，流经变质岩和花岗岩构成的峡谷段，河床礁石众多，水势汹涌，形成著名的赣江十八滩，严重地妨碍着航运。这里的情形与长江三峡非常相似，故有赣江三峡之称。

新干以下为下游。樟树市至吴城镇，河流蜿蜒于冲积平原，江阔水深，平均坡降仅 0.089‰，水流缓平，水量大增。南昌以下为赣江尾闾，江流分汊，地势低洼，全赖圩堤保护。

赣江支流众多，流域面积超过 1000 平方千米的支流有 13 条，上游河段有湘水、濂水、梅江、平江、桃江、章水等支流作扇形分布，以赣州市为汇总；中下游河段有遂川江、蜀水、禾水、乌江、孤江、袁水、锦江等支流，呈羽状不对称的分布在左右两岸。

赣江流域是中国革命的摇篮地之一，中上游绝大部分地区是革命根据地和老苏区，其中以红都瑞金及遂川县的井冈山尤为闻名，下游的南昌市是"八一"起义的英雄城市，现已成为著名的游览胜地。

（2）修水与信江

（a）修水

修水，建昌江、于延水，又名修河，在江西省西北部，为鄱阳湖水系五大河流之一。发源于铜鼓县西南山羊尖紫茶坪西北麓，北流称东津水，东北流折向东流，经修水县东津、义宁、武宁县城北，穿行柘林水库，经永修县城吴城镇汇合赣江主河流注入鄱阳湖。全长 357 千米，流域面积 1.4 万平方千米，多年平均流量 390 立方米/秒，自然落差 673 米，水能理论蕴藏量 16.82 万千瓦。

修水县城以上为上游，流经丛山地带，河道弯曲，支流发育，河面宽在 40～120 米之间，中水期水深 1.06～2 米，多急流险滩，

水力资源丰富。主要支流有武宁乡水、北岸水、杨津水、渣津水等，其中以武宁乡水较著名。武宁乡水，曾名东河，亦名山漫水，淀江河，源出铜鼓县西部山区，由三支流程相等的溪涧，东至铜鼓县排埠镇汇流而成，以南支梅洞溪较长为正源。东流经丰田乡、永宁镇、大土段等乡镇。折向东北流，始称武宁水，至古桥乡金溪桥入修水县境，东北流，在修水县赤江乡注入修水。

修水县城至柘林水库为中游河段。柘林水库坝址位于江西永修县柘林镇中游河道上，东南距南昌市106千米，东北距永修县城42千米。

柘林水库以下为下游，水系紊乱，地势平缓，河道两岸多丘陵、台地和平原，筑有防洪圩堤。河面宽120～400米之间，中水位期水深1.6～2.4米之间，柘林至河口，一般可航50吨级船只。汇入的主要支流有潦河。潦河为修水最大的支流，又称上潦水，亦名奉新江，亦作冯水、缭河，又有海昏江之称，由南北潦河汇合而成，以南潦河为干流。

（b）信江

信江，古代称为余水，又名上饶江，在江西省东部，发源于赣东北的怀玉山区，玉山县东北部三清山大岗主峰平家源西南麓，南流称金沙溪。穿过七一水库称玉山溪；南经棠梨山、双明等地，在玉山县城纳入沧溪之后西流，始名信江。主河道西北流折向北流，经上饶、铅山、弋阳、贵溪、鹰潭、余江、余干等县市。在余干县大溪渡分为东西两支：西支称西大河，西北流，在余干县龙津又分支，至进贤县东部，汇合三塘河后，在瑞洪镇（属余干）与抚河合流，经康山注入鄱阳湖。全长56千米，东北侧筑有防护大堤，支流有社赓水等汇入。流域地势平坦，两岸湖泊、支港众多。全程可通行6～8吨木船。东支称东大河，北流至波阳县境乐安附近入鄱江，为信江下游主要泄水河道。河长45千米，其中波阳县境16千米。河面宽阔，两岸筑有大堤，全年均可通航。主要支流有万年河、本

溪河。

干流全长313千米，流域面积1.6万平方千米，多年平均流量579立方米/秒，自然落差746米，水能理论蕴藏量18.41万千瓦。

上饶市以上为上游，流经山区丘陵，河床中以卵石为主，平均河宽70米，平均水深0.86米，建有七一水库、王宅水库等。

上饶至鹰潭为中游，流经丘陵、平原地区，河宽多在200米左右，中高水位时，平均水深2.2～2.6米以上，河道中多粗沙、卵石，主要水利设施有关里、上潭、胜利、马眼、丰产、白庙、硬石岭水库等。

鹰潭市以下为下游，流经宽广的平原地区，在余干县北部分支众多，干流两侧，湖泊星罗棋布，水运交通方便。

信江流经14个县（市），横贯江西省东部地区，沿流域长达30千米以上的支流有35条，山溪、港汊达数百条，水力资源丰富，其中，白塔河为信江最大支流。

白塔河上游称泸溪，贵溪县境又称上清溪，源出武夷山脉福建光泽县的白云山西北麓，北流折向西北流，进入江西省资溪县，又经贵溪县西部，在余江县锦江镇附近注入干流。全长145千米，流域面积2838平方千米，多年平均流量98.9立方米/秒。河道弯曲、河谷狭窄，支流短而稀疏，主要支流有陈家墩水等。沿岸风光优美，有闻名中外的上清宫遗址、全国21座重点对外开放的道观之一天师府、道教圣地龙虎山及仙岩、水岩游览胜地。

（3）鄱江与抚河

（a）鄱江

鄱江，称饶河，亦名长港，古称番水，在江西省东北部。

鄱江有南北二源：北源出自安徽省祁门县东北部、大洪岭西南麓，南流折向西南流，经祁门县大坦、柏溪，至胥岭称南宁河。在祁门县倒湖附近纳入沥水河后，进入江西省境内。主河道西南流始名昌江，经浮梁、景德镇、鄱阳等县市，在波阳县姚公渡汇合安乐

河后称饶河。昌江全长267千米，其中安徽省境长85千米；总流域面积7036平方千米，其中安徽省境2876千米；多年平均流量181立方米/秒；自然落差506米，水能理论蕴藏量5.22万千瓦。浮梁县峙滩以上为上游，峙滩至景德镇吕蒙渡为中游，吕蒙渡以下为下游。中上游流经山区，河谷深窄、比降大，支流呈树枝状分布。两岸植被良好，水源充沛，水力资源较丰富。下游横贯鄱阳平原，河谷开阔，河道较宽浅，水流缓慢，河宽在500米左右。河床质为泥沙等组成，多浅滩、沙洲。汇入的主要支流有沥水河、北河、东河、西河、南河、滨田水等。

南源乐安江，曾名大溪水，上游称昌江河，婺源县境亦称婺江，源出赣、皖边界婺源县东北部海拔1496米的五龙山西南麓，南流折向西南流，经婺源、德兴、乐平等县市，在波阳县与昌江汇合。全长279千米，流域面积8456平方千米，多年平均流量489立方米/秒，自然落差683米，水能理论蕴藏量8.47万千瓦。德兴县以上为上游，乐平县境内为中游，鄱阳县境以下为下游。上游流经山区，两岸多金、铜、铝、锌、硫黄等矿产，中下游水质污染严重。汇入的主要支流有番溪水、安殷河、槎溪河、建节水等。

南、北两源汇合后称鄱江，曲折北流，在波阳县莲湖附近注入鄱阳湖，干流长约40千米。流域内地势平坦，两侧河湖交错，众水相连，渔产富饶，水鸟成群，江面宽阔，水深丈余，全程均可常年通航。总流域面积约1.5万平方千米，江西境内流域面积1.2万平方千米，为江西五大河流之一。

（b）抚河

抚河，是鄱阳湖水系五大河流之一，古称盱水，又称盱江、建昌江，又名武阳水，汝水，因源出古代抚州（治今江西抚州市）而得名抚河，在江西省东部。

抚河发源于广昌、石城、宁都三县之间分水岭荣华峰东侧里木庄山谷，由千善港、古竹港、长桥水、头陂港、尖峰港、石梁港、

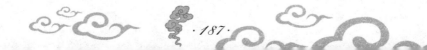

塘坊港等汇合而成，东北流经广昌，北流称盱江。又北流至甘竹，进入著名的蜜橘产地南丰，经南城、临川，至抚州市新四（下源村）附近纳入宜黄水、宝塘水，始名抚河。经丰城县东，进贤县李家渡、温家圳，南昌县三江口、梁家渡，穿过浙赣铁路，至米垄分为两支，右支注入青岚湖，左支经武阳、泾口与塘南之间会金溪湖之水，又北流经余干县康山，分二支入鄱阳湖。

抚河全长 312 千米，流域面积 1.58 万平方千米，多年平均流量 483 立方米/秒，自然落差 426 米，水能理论蕴藏量 21.43 万千瓦，流域已建成水电站 3 座，装机容量 4.27 万千瓦。干流的广昌至焦石河段，以及支流的航运，均处于天然状态，可通民船、木筏；抚州市以下汛期可通百吨以上机轮船。

抚河南城以南为上游，穿行于山区丘陵之间，多浅滩峡谷，河宽 200～450 米，平均坡降 0.7‰，河床以沙砾为主体，泥石相间；两岸林木稀少，泥沙下倾，河床日渐淤高，与公路农田相齐。上游主要支流有长桥水、青铜港、瞿溪河、密港水、石咀水、九剧水、沧浪水等。主要水利工程有洪门水库。

南城与临川之间为中游，流经半丘陵和赣抚平原，河面展宽，平均河宽达 500 米，最宽为 900 米，河道坡降平缓，河床冲积严重，河道宽而浅，沙洲众多，故排洪能力较差，洪水季节，水位均高于两岸农田，青泥以下，两岸筑有圩堤，以保护村庄和耕地。河床中主要由粗细沙组成。中游汇入的支流众多，水量大增，主要支流有黎滩河、龙安水、茶亭水、桐埠水、金溪水、崇仁河、宜黄水等。其中的宜黄水，又称宜黄河，源自宜黄县新丰龙源山谷间，西流至新丰又折向北流称黄水，经宜黄县候坊、黄陂、二都在县城郊汇合宜水之后始名宜黄水，北流至梅坊进入临川县境，在下源村注入抚河。全长 166 千米，流域面积 5120 平方千米。为抚河较大支流。抚河中游先后建有金临渠、赣抚平原总干渠，灌溉农田 200 余万亩。

下游流经平原地带，沿河两岸为大面积农田，河道宽阔，水量

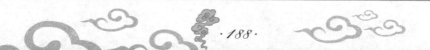

丰沛，河网交汊，人工渠道广布。

13. 滇池

在春城昆明的西南，镶嵌着一个形如半月、银浪层层、明镜般透彻而美丽的湖泊，那就是享有"高原明珠"之誉的滇池，云贵高原最大的湖泊。

滇池，古名滇南泽，俗称昆阳海或昆明湖，昆明池，湖面海拔1886米，南北最长处36.5千米，东西最宽处12.8千米，湖水面积294.5平方千米，湖岸线长199.5千米，一般水深3~5米，平均湖深4.4米，最大水深约10.2米。

滇池蓄水量约15.7亿立方米，相当于杭州西湖的50倍，北京颐和园昆明湖的160倍。它既有高原湖泊的风姿秀逸，又有浩瀚大海的气势，被誉为云贵高原上一道最明媚的眼波。

云南滇池

滇池是由地层断裂下陷而形成的构造湖泊。距今大约7000万年以前的中生代末期与新生代初期，古盘龙江已开始发育，并强烈地侵蚀，使昆明湖附近变成低洼的谷地。后来沿着湖的两岸，发生了近于南北向的西山大断层，随着地壳的不断运动，断层线西边逐渐上升，东边相对下降，经过长期演变而成了积水的洼地，这就是古滇池的雏形。古滇池水面比现在大得多，整个昆明坝子皆是一片水域，估计其时湖面约1000平方千米，如今在昆明坝子常发现草煤，它就是由古滇池内的水草演变而来的。

滇池东北部有一天然沙堤，长4千米，两旁大树参天，杨柳依依，将滇池分为南北两部分，北部称草海，南部称昆阳湖，又叫做

外海或大海。滇池水源丰富，周围有盘龙江、金汁河、银汁河、宝象河、海源河、白沙河、落龙河等 20 多条河流汇聚入湖，其中以纵贯南北、穿越昆明市区的盘龙江为最大。相传，宋代大理国时期，堤岸遍植白色的素馨花，被称为"银棱河"；而它的一条分支，堤岸栽种黄色的迎春花，被称为"金棱河"。

滇池的水经"海口"流入普渡河入金沙江。普渡河与滇池连接的上游河段，因河中有洲，形状似螳螂，所以又名螳螂川。甲春城之秀碧波万顷的滇池，有如一颗明亮的珍珠，闪烁在云贵高原之上，沿岸碧峰环峙，梵宇林立，林木苍莽，繁花似锦，自古是著名的风光名胜地。滇池四周，碧峰耸峙，林木苍莽，山脉均属昆仑山系，云岭山脉的东支逶迤南下，总称乌蒙山，其中以西山最为著名。从西山隔湖相望，有一座著名的大观楼峙立于亭榭绿荫花丛之中。几百年前，这里还是一片杂草丛生的荒丘，直到明代有个和尚在这里盖了一所茅庵讲经，逐渐出名后，善男信女纷至沓来，慢慢地形成了一处游览胜地。清康熙年间，云南巡抚王继文修建了大观楼，成为观赏滇池景物的理想处所。

14. 泸沽湖

泸沽湖一称左海，又称鲁窟海子、永宁海、落水海子、勒得海，位于云南西北部宁蒗彝族自治县和四川盐源之间的永宁盆地上，海拔约 2685 米，是一座高山淡水湖泊，面积近 50 平方千米。以湖心为界，西部属云南宁蒗县，东部则属四川盐源县。整个湖泊，状若马蹄，又像一个还在母体中的胚胎。

"泸沽"系当地摩梭语"落水"之意。在久远的年代，泸沽湖水

泸沽湖

位较高，湖面更大，湖水可以从东面的海门桥流出，然后汇入雅砻江。故当地居民把这一现象用来称呼这个湖泊，"沽"由此而来。

泸沽湖是地质构造下陷而形成的，因此具有独特的高原湖泊风貌，湖弯迂回，烟波百里平均深度 40 米，最深处 93 米，是云南仅次于抚仙湖的第二深水湖泊，湖中盛产各种鱼类，尤以细鳞裂腹鱼和高山冷水鲤鱼最为出名。由于地处偏僻，泸沽湖保持了良好的生态环境，水质特别纯净，它的风光具有近乎原始的朴素的美。

浩浩荡荡，茫茫苍苍的泸沽湖，真是美妙如画。四周的碧岭青山，好似一圈若隐若现的翠屏，紧紧围住一汪碧水。湖面的景色，四季各异：春天，白鹤、野鸭在蓝天碧水间飞翔，野鸭栖息在草丛中产卵；夏日，萍花飘浮湖面，红紫相间；秋来，湖内菱角成熟，秋风阵阵，满湖飘香；隆冬时节，漫山皆雪，满湖银光。这里，湖水一日也有数变：早晨，碧绿的湖面，泛起淡淡的白雾，像一层轻纱，太阳一照，大湖宛如一个镀金盆子；中午，湖面像一面银镜；黄昏，湖面成了一块翠玉；而在月白风清的晚上，湖水则像秋天的晴空，一片湛蓝。

泸沽湖，喧嚣人世一方难得的净土，以它那美妙绝伦的湖光山色，世所罕见的民族风情，古朴而神秘的风貌，显扬于万千湖泊之上，成为人们向往的"世外桃源"。

15. 邛海

在四川卫星城西昌市东南 5 千米，海拔约 1510 米处，一片浩瀚波光闪耀在苍山绿野之间，这就是邛海。它像一颗晶莹的珍珠，镶嵌在翡翠般的川西南山区。

邛海是金沙江支流安宁河上最大的湖泊，水面面积约 29 平方千米，平均水深 14 米，最深处约 34 千米，蓄水 3.2 亿立方米，平面状如出壳的蜗牛。邛海水源源自东南山溪河流来水，北经海河（安宁河支流）汇注东河、西河泄入安宁海。

关于邛海的形成，当地流传着一个美丽的传说。在很久以前，

有个善良勤劳的樵夫，天天上山砍柴。有一天，一不小心，他的手指被斧头划破了，鲜红的血滴落在清泉上游来荡去，忽然变成一条小黄鳝，冲着他叫"父亲"，向他要吃的。樵夫连忙弄些干粮屑喂它。不久，鳝鱼长得又肥又壮了，樵夫家里的粮食也吃光了。他梦见鳝鱼对他说，要给他送粮食来。醒来一看，黄澄澄的谷子果然堆满了院子。消息一传十，十传百，很快就被村上的财主知道了。为了霸占这些谷子，财主买通县太爷，把樵夫抓到县里，严刑拷打，逼迫樵夫招认是偷财主家的。忽然，大堂中一下冒出三根竹笋，樵夫照鳝鱼给他说的，一步上前，蹬断旁边两根，紧紧抱住中间那根。随着一阵电闪雷鸣，两根竹笋折断处，两股水柱冲天而起，顷刻之间把县城和周围化为一片汪洋，这就成了邛海。樵夫骑在粗竹笋上，跟着蛟龙似的鳝鱼，不知飘到哪里去了。这个故事颇类地陷之说。人们相信晚霞映照邛海的时候，海水晶莹，水平如镜，这时可以看到一座海底城镇的轮廓，传为几千年前地陷为泽时下沉的城街遗址。

　　邛海东靠巍峨的大凉山，南傍葱茏苍郁的泸山，湖水漾漾碧色，细浪平铺，是闻名遐迩的风景湖。

邛海

　　邛海既有湖泊的妩媚韵致，又兼有大海的壮阔气势。当它浪静波平的时候，广阔的湖面，一平如镜，水色天光，交相辉映；南岸垂柳依依；西渚莲叶田田；近北岸的渔村，呈现一片繁忙的景色。几只渔船翩翩往来，张张渔网，纷纷落水，溅起无数细微的水珠；支支船桨，轻轻击浪，在银波上点出串串水涡；三两只水雀箭似的掠过湖面，向远处飞去，真是别有风韵；远远的一片鸭群浮游，有如彩云飘在水上，给美丽的邛海增添无限生意，这里正是制作驰名中外的"建昌板鸭"的建昌鸭的重要饲养场之一。

邛海的四季，各有各的美。春天，风暖柳青，碧波荡漾，俨然一派柔媚的江南山水；夏季，"映日荷花别样红"；秋天，蒲苇苒苒，落絮飞花；冬天，则更是神奇，四周远山白雪皑皑，奇怪的是，纷纷扬扬的雪花飘落到山脚就突然停止，再也不往湖盆上空飞舞了，以至在环湖的山麓边缘上自然构成一道黑白分明的雪线，令人称奇。

"月出邛池水，空明激九霄"。湛蓝无云的十五之夜，才是邛海最美的时光，也是邛海名扬中外的原因。皓月临空，一湖银晖，邛海的月夜，格外明媚，西昌也因月色美妙，享有"月城"的美称。

16. 红枫湖

"常年鲜花终年鸟，一湖清水半湖山"的红枫湖是贵州省最大的人工湖，兼有西湖的秀美，又不乏高原湖泊的豪放气派与绰约风姿，被誉为贵州高原的"明珠"，现为国家重点风景名胜区。

红枫湖风景区跨越清镇、平坝，距贵阳32千米，总面积110平方千米，湖面面积57平方千米。原先，此处是一片崇山峻岭，属于平均海拔 1200～1300 米之间的黔中岩溶丘陵洼地。岩溶景观虽不十分显著，但多洼地和峰林槽谷。猫跳河、羊昌河及其支流穿行其间，养育了周围繁茂的森林植被。1958 年，动工兴建红枫电站，拦腰截断猫跳河。两年后，在山间盆地和河谷中出现了一个巨大的湖泊。

红枫湖烟波浩渺，辽阔无垠，湖岸迂回折曲，港、汉、峡、湾幽深，170 多个大小岛屿如漫天繁星撒落湖中。这些岛屿在粼粼波光中

红枫湖

或如巨礁、或如屏障、或如浅渚、或如石丛，深邃幽奥，各显奇姿。半岛起伏的山间湖泊，展现出山外青山湖外湖，湖里有岛，岛中有洞，洞中有湖，湖中有山的奇特景观。再加上百舸争流、群鸟竞飞，更为它增添了不少秀色，令人陶醉于湖光山色中。

红枫湖由北湖、南湖、后湖三个湖区组成。北湖的岛、南湖的洞，后湖的湾，三个湖区各有所长，各具特色。

红枫湖的水也是富有生命力的。晴天，水色湛蓝，平静如鉴，将山上的花，岛上的树，全都映在湖中，装点出一湖的艳丽；雨天，青山隐隐，湖上跳珠溅玉，近岛、远山迷迷蒙蒙，显出丰富微妙的层次和色调，犹如一卷旨趣高雅的水墨画；最美是秋日枫叶红透、夕阳西沉，阳光由白色变为金黄，再由金黄变为红霞时，满湖的岛，满湖的水都红光闪烁，分不清是红枫惹彩，还是红霞点染，微风习习，水起波浪，令人神思激荡，叹为观止。

17. 九寨沟海子

"人间瑶池"九寨沟位于岷山朵尔纳山峰（4764 米）北麓、嘉陵江水系白水河源头，处于四川南坪、松潘、平武三县交接处。因沟内有盘信、彭布、故洼、盘亚、则查洼、黑角寨、树正、荷叶、扎如等 9 个藏族村寨而得名。

九寨沟总面积约 620 平方千米，在海拔 2000～3100 米高度范围内，由南北长的主沟——树正沟和日则、则查洼、扎如三条支沟组成，纵横约 50 千米，以雪山、森林、湖泊、瀑布四大景观赢得了"童话世界"的美誉。其中，尤以湖泊（当地人称之为

九寨沟海子

"海子"）最享盛名，被称之为"天下第一水。"

从湖泊分类学上划分，九寨沟的海子多属于堰塞湖，也有少数属于冰川剥蚀湖等。堰塞湖，是河道因山崩、冰碛物、泥石流或者火山熔岩阻塞等原因而形成的湖泊。据有关专家认为，形成九寨沟湖泊的具体原因有两种：一是由流水中存在的大量碳酸钙质结成堤埂阻塞山谷流水而形成的；另一是大地震引起的山崩堵塞山谷，地下水和天然水蓄积堤内而形成的。

九寨沟的藏族同胞则用美丽的神话传说来解释九寨沟海子的由来。传说在遥远的年代，神女沃诺色姆的情人达弋送给她一面梳妆的宝镜，沃诺不慎失手把宝镜摔成了108块，这些碎片便变成了108个被称为"翠海"的彩色湖泊。

九寨沟的海子各具特性：海水澄明、岸上箭竹吐翠的熊猫海与箭竹海；芦苇丛生，水禽飞翔的芦苇海；天鹅游弋穿梭的天鹅湖；清澈如镜的镜海；清幽奇秀的盆景海；无穷魅力的流翠滩、芳草海……它们以原始而恒久的美组成了举世无双、令人叹为观止的湖泊群。

18. 洪湖

洪湖在湖北省南部洪湖、监利两县之间，东、西均通长江，是现江汉平原最大的淡水湖泊。

现洪湖湖面南北长44.6千米，东西最大宽度约28千米，湖水位24.5米，面积约413平方千米（包括浅水水草丛生区域），平均水深1.35米，最大水深为3米多，是长江中下游沼泽型浅水湖泊的典型代表，在长江中下游浅水湖泊中名列第八。

洪湖水草茂密，气候温和，鱼类丰富，还是野鸭、飞雁等候鸟栖息觅食越寒过冬的理想场所。越冬水禽有39种，仅野鸭就有18种。在品种繁多的野鸭大家族中，有春去冬归，来自北国的黄鸭、八鸭、青头鸭、中鸭，可在冬春捕获；也有在这儿"安家落户"的蒲鸭、黑鸭、鸡鸭，可常年猎取。洪湖野鸭一次可猎取成百上千只，

常年产量多在 30 万斤以上，占湖北野鸭产量一半以上。野鸭制品——毛扇、羽绒衣、野鸭精等畅销国内外。

洪湖不仅有着十分丰富的水生资源，而且还有着极为秀美的湖光山色。春天，碧攒攒，绿丛丛，鱼游浅底，渔歌互答；夏日美丽纯洁的荷花装点洪湖；金秋时节，一望无垠，满湖飘香；隆冬腊月，广阔的湖面，野鸭群集。

洪湖两岸，更不乏探胜寻幽之处：既可以仔细考察一番五通庙原始公社遗址；也可以饱览螺山、黄逢山等地从春秋至元明的大量古墓群；而附近的赤壁古战场，可体味东汉末年"火烧乌林"的壮烈情景；如果身临"跑马岭"、"射凤台"、"打金场"、"绣花堤"，又可追念元末农民起义军领袖陈友谅驰骋疆场英姿！

说到洪湖，最想瞻仰的是永垂史册的第二次国内革命战争时期湘鄂西革命根据地中心——瞿家湾，瞿家湾位于洪湖县城西北 35 千米，1927 年就有了中国共产党的组织，1929 年 7 月，正式成立"洪湖游击队"。洪湖瞿家湾是第二次国内革命战争时期湘鄂西革命根据地的政治、军事、经济和文化中心。当年，贺龙、周逸群等同志就在这里指挥工农红军第二军团和地方赤卫队、游击队转战百里洪湖，驰骋大江南北，打败反动派多次围剿，在中国革命历史上写下了光辉的一页。

"洪湖水，浪打浪"，悦耳动听的歌声，唱遍全国，吸引人们亲自看一看这颗江汉平原的明珠。

19. 东湖

徜徉东湖诗画中如果把武汉比成一个妙龄少女，那么城区中十个大小不同的湖泊，就像十颗宝石装点在她的身上。而位于武昌东郊的东湖，则是最耀眼的一颗。

碧波万顷，平滑如镜的东湖，有 32.7 平方千米，是杭州西湖的 5 倍多，储水近 1 亿立方米，景色优美。在一个大城市中有如此大的湖面，为全国所少见。

东湖由郭郑湖、水果湖、汤菱湖、小汤菱湖、小潭湖、团窝、雁窝等湖泊组成，并通过沙湖港、青山港与沙湖、杨春湖、戴家湖等相连，构成一个小型湖泊水系。东湖水系全流域面积约为190平方千米。东湖原为敞水湖，通过青山港与长江连接在一起。

东湖美就美在有山有水，辽阔的水域环抱着翠绿的小山，从湖东边的洪山之尾向南数起，有南望山、珞珈山、喻家山等。从湖心亭举目四望，那深藏在林荫之中的各类建筑物和磨山植物园的倒影，都在万顷碧波之中时隐时现，婀娜多姿，气象万千。

东湖风景区主要有听涛、磨山、落雁、白马等游览区。听涛区在东湖西北部，湖岸疏柳如烟，荷池翠盖如云，岗峦起伏，亭阁相望，湖滨平坦的草坪与广阔的湖面相连，蜿蜒多变的港汊泊着众多的游艇。磨山是沿湖群山中的主要山脉，三面环水，六峰逶迤，长达4千米，民间有"十里长湖，八里磨山"之说。山上松林苍翠，曲径环绕，奇石峥嵘，古洞幽邃。因大雁南来北往在此停留而得名的落雁区，泊汊交错，空旷辽阔，环境清幽。湖东的白马区因白马洲而得名。此洲四面环水，洲西有鲁肃的马冢。相传三国赤壁之战，鲁肃以吴国赞军校尉之职，助周瑜破曹后，转回夏口村，骑白马过洲，马陷泥中而死，葬马于洲，称白马洲，也称陷马洲。沿湖丘岗绵延，丛林飞翠，现已辟为疗养区。

东湖一年四季苍翠欲滴，鲜花不断。在风景区内有许许多多各具特色的花卉和盆景园。诸如梅园、桂园、兰苑、樱花园、杜鹃园、唐菖蒲、水生花卉园、盆景园等，均扬名国内外。最能体现江南特色和东湖风貌的还是菊花、荷花、梅花。

每到深秋，东湖都要举办菊花展览。由数以千计的大立菊组合而成的菊花牌楼格外引人注目，据粗略统计品种上千，盆花过万，风景区内遍地金黄。东湖风景区是我国赏梅胜地之一，经过数十年的培养，梅花品种100有余，怪有人把东湖说成是全国名贵梅花之总汇。

"东湖暂让西湖美，今后将比西湖强"。这是朱德同志在 1954 年 3 月游览东湖时的题诗。从此，"赛过西湖"就成为许多武汉人的心愿。相信经过武汉人的努力，山清水秀、风光旖旎的东湖"比西湖好"将不再是梦。

20. 鄱阳湖

鄱阳湖是我国第一大淡水湖，浩瀚万顷、水天相连的鄱阳湖，位于长江的南岸、江西省北部平原上，湖面范围大体南起三阳，北至湖口，西到关城，东抵波阳。它南北长 170 千米，南部宽 50 ~ 70 千米，北部束狭处仅 5 ~ 15 千米，从平面上看，像系在万里长江腰带上的 1 只大"葫芦"。以都昌和吴城之间的松门山为界，分南北两湖。北湖地跨星子、德安、都昌、九江、湖口五县境，位处湖体之西北，亦称"西鄱阳湖"。湖面狭窄，似葫芦上部的长"颈"，实际上是一条狭长的通江港道。南湖，横跨新建、南昌、进贤、余干、万年、波阳、都昌、永修诸县境，地当湖体之东南，又名"东鄱阳湖"。

鄱阳湖集水面积为 16.1 万平方千米，接纳江西赣江、抚河、信江、鄱江、修水等五大河流及若干入湖独流诸水，经调蓄后由湖口泄入长江，年平均来水量为 1500 亿立方米，最大来水量为 2300 亿立方米（1954 年）。而每年注入长江的水量约占长江干流大通站年水量的 1/5，对中下游的水势有一定影响。由于江西是一个边境群山环峙，地势自南向北，由边向里，渐次向鄱阳湖缓慢倾斜的大盆地，因而省境五大河流及其他一些小河顺着地势注入盆地最低处的鄱阳湖。一条条晶莹绵长的河流，与星罗棋布的湖、塘、堰，构成一个向心状的天然水网——鄱阳湖水系。

鄱阳湖风光旖旎，是我国著名的游览胜境，除"匡庐奇秀甲天下"的庐山外，石钟山、大孤山、南山、龙宫洞等均是脍炙人口的名胜。

鄱阳湖湖面浩瀚，饵料丰富，气候湿润，是丹顶鹤、白鹤、天

鄱阳湖候鸟

鹅、白鹳、黑鹳等多种世界稀有珍禽的理想越冬之地。据初步统计，鄱阳湖共有鸟类 150 多种，其中水禽有 69 种，世界珍禽 10 多种，世界上几乎濒临绝迹的白鹤，在这里有数千只之多。

美丽的鄱阳湖在中国五大淡水湖中污染最轻，所以才是中国最大的、最美丽的，也是世界上最大的候鸟聚集区。当地旅游部门组织的"观鸟旅游"，吸引了一批又一批国内外鸟类爱好者和旅游者。

21. 洞庭湖

洞庭天下水洞庭湖，位于长江中游荆江南岸，湖南省的北部，水面跨湘、鄂两省。海拔 34.5 米，湖区面积 1.878 万平方千米，天然湖面为 2740 平方千米，另有内湖 1200 平方千米，蓄水量 178 亿立方米，当汛期所有蓄洪区都打开时，面积和蓄水量都要增大 1 倍多，是我国第二大淡水湖泊。它衔远山，吞长江，浩浩荡荡，横无际涯，朝晖夕阳，气象万千，素以宏伟、富饶、美丽著称于世。

洞庭湖目前被分割为三个部分：岳阳与华容之间的东洞庭湖，其前身为巴丘草湖；岳阳与湘阴之间的南洞庭湖，前身为青草湖；沅江和常德、南县之间的西洞庭湖（又分为七里湖和目平湖两部分），前身为赤砂湖。其中，东洞庭湖是洞庭湖现水域中最宽的一个，面积 1091 平方千米有奇。

古人云："四渎长江为长，五湖洞庭为宗。"意思是说长江、黄河、淮河、济水四水，以长江最长，洞庭、鄱阳、太湖、巢湖、洪泽湖五大淡水湖，以洞庭地位最重要，这不仅是从当时洞庭湖面积最大而言的，也与洞庭湖文化史上的地位有关。

22. 太湖

太湖，位于江苏、浙江和安徽三省交界处，长江三角洲的南部。它是中国东部近海区域最大的湖泊，

洞庭湖

也是长江中下游五大淡水湖之一。古称"震泽"，又名"具区"，水域面积2200平方千米，素有36000顷之说。湖中有大小岛屿48个，连同沿湖半岛山峰，被誉为"七十二峰"。太湖是长江中下游吴地的心脏，是我国第三大淡水湖。太湖地处江南水网的中心，河网调蓄量大，水位比较稳定，利于灌溉和航运。

太湖"七十二峰"中的太湖仙岛

关于太湖，有着许多美丽的传说。据说在盘古开天辟地以前，有一年王母娘娘要做寿。玉皇命四大金刚送去丰厚的礼物。王母看了，非常高兴，笑得脸上皱纹都少了好多。

原来玉皇送给王母的是一个大银盒，里面有72颗特大的翡翠，加上千姿百态、颜色各异、用玉石雕刻的飞禽走兽。这盆近看像一个聚宝盆；远望又像一个精美的大盆景。王母爱不释手。为王母祝寿，照例设蟠桃会。发请柬的人因为喝了

点酒，忘记了一个每年必请的重要角色，那就是荣任"弼马温"之职的孙悟空。悟空一打听，该发请柬的都发了，唯独没有自己的，大为光火。心想：王母娘太过势利，看我官小，竟不请我参加蟠桃会。真是岂有此理！他扛起金箍棒，一个筋斗云翻上天宫，见东西就砸，把天宫砸了个天翻地覆。他见到玉皇送来的大银盆，火气更盛，抢起金箍棒就砸了过去，银盆从天宫落下，跌到吴越之地，砸出了老大的一个坑。银盆碎了，化作白花花的洪水，不多不少淹了36000顷的面积，汪洋一片的一个大湖。这湖是从天上掉下来的，"天"字上面的一横，落在下面变成一点，就成了"太"字，所以此湖叫"太湖"。72颗翡翠，变成了72座山峰，散布在太湖之中；玉石雕刻的鱼虾，变成了太湖里的银鱼和白虾；飞禽走兽化作了太湖的飞禽走兽。

23. 巢湖

巢湖，古称焦湖。位于安徽省中部，东西长54.5千米，南北宽21千米，水域面积约750平方千米，为我国五大淡水湖之一。

巢湖名字的得来古今说法有三种：一是以湖状命名。湖呈鸟巢状，故名。二是因县名而名。如今巢湖水域之下原来是旧居巢（县）的陆地，系因陷落之所在地名而叫做巢湖。三是缘国名而名。"巢，汉居巢县也，古巢伯之国。"

巢湖不仅风景秀美，帆樯如画，而且沿湖周围名胜古迹众多，

巢湖中庙

姥山、中庙、四顶山、半汤温泉、王乔洞、银屏仙人洞、银山猿人遗址、神墩文化遗址、楚歌岭等，犹如众星拱月，环绕巢湖。姥山，卓立湖心，矗立水面，面积约100公顷，海拔115米。岛上三

山九峰，林木葱郁，四季常青，如青螺浮水，为 800 里巢湖的"湖上绿洲"。中庙位于巢湖北岸的凤凰矶上，与湖中心的姥山岛隔水相望。岸矶形如栖凤，赤碛朱砂；庙宇赭墙碧瓦，飞阁流丹。银屏仙人洞口的峭壁上，一株牡丹破石而生，婷婷玉立，每逢谷雨，嫣然盛开，游人只可仰视其仙姿，却不可触其玉体，被誉为"天下第一奇花"。相传牡丹能报丰兆吉，预知年成。

巢湖水产资源丰富，银鱼、虾米、螃蟹被誉为"三珍"闻名遐迩。